卡內基訓練百年回顧

Dale Carnegie Training's 100-Year History

戴爾・卡內基

來源：*Dale Carnegie As Others Saw Him*，經卡內基訓練授權使用

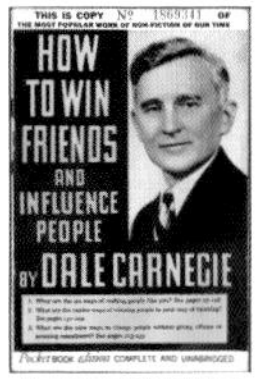

《卡內基溝通與人際關係》原文封面

左為夫人桃樂絲・卡內基

來源：*Dale Carnegie As Others Saw Him*，經卡內基訓練授權使用

台灣卡內基青少年班上課情形

台灣卡內基訓練業績獲世界第一

黑幼龍先生至中國大陸演說

《改變一生的人際溝通關鍵法則》原文封面

卡內基訓練一百周年慶祝活動

1880 1890 1900 1910 1920 1930 1940 1950 1960 1970 1980 1990 2000 2010

誕生與扎根

1888 戴爾・卡內基誕生於美國密蘇里州

1912 舉世聞名的戴爾・卡內基課程，在紐約市正式開課

1936 《卡內基溝通與人際關係》一書問世，成為盤踞《紐約時報》排行榜10年、狂銷3000萬冊的經典

放眼國際

1940 卡內基課程從瑞士開始，攻進國際市場

1949 美國汽車巨人李・艾科卡參加課程，並在其自傳《反敗為勝》中，表示他的成功來自於卡內基課程

1951 股神巴菲特參與課程，日後在其自傳《雪球》及多次電視訪談中，將其成就歸功於卡內基課程

1954 卡內基的公司註冊成為戴爾・卡內基訓練機構

1955 戴爾・卡內基逝世，由夫人桃樂絲・卡內基繼任董事長，在往後數十年，持續發揚卡內基的遺訓與核心原則

1960 卡內基訓練陸續在歐洲、亞洲、南美洲和澳洲成立推廣機構

1963 卡內基訓練在日本成立

1975 榮獲美國進修教育與訓練認證協會（ACCET）認證，該機構為美國教育部認可之國際認證機構

邁向台灣

1987 黑幼龍在台灣創辦中文卡內基訓練

1990 戴爾・卡內基被《生活》（*Life*）雜誌選為100位對美國最有影響力的人物之一

黑幼龍領先全球卡內基，於台灣首創極受歡迎的青少年班，現已成為中文卡內基的特色之一

1993 台灣卡內基訓練業績排名世界第一，並蟬聯冠軍至今

1998 黑幼龍名列《天下雜誌》選出台灣400年來最有影響力的200人之一

2000 《卡內基溝通與人際關係》被英航雜誌選為「世紀首選商業書」

前進大陸

2001 卡內基訓練在上海設點

2003 黑幼龍陸續在山東、江蘇與浙江展開卡內基訓練

2010 卡內基訓練的「成功祕笈」成為iPhone最暢銷的服務應用程式

2011 《卡內基溝通與人際關係》屆滿75周年，出版數位時代增訂版

2012 **卡內基訓練全球累計超過800萬畢業學員，並於超過86國設立據點，客戶包括3M、BBC、IBM、蘋果、可口可樂等**

台灣與大陸卡內基畢業學員突破26萬，客戶包括諸多知名企業如《天下雜誌》、宏達電子、台積電、中鋼、日月光、微軟、南山人壽，還有為數眾多的中小企業

黑幼龍
工作與生活的
雙贏智慧

黑幼龍 著／虞立琪 整理

目錄

自序

黑幼龍

今年又是龍年。我已經過了好多個龍年了。但我真的不覺得自己已經很老了。只是覺得有點不可思議。

我是龍年出生的。那是抗戰、逃難的年代。父母可能很辛苦，但我童年的記憶中好像沒什麼悲痛的感覺。

到了十二歲那個龍年，我跌入了谷底，因為我沒考取一個好中學（想不到六十年後的今天，小孩還是有同樣的門檻）。

二十四歲的那個龍年，一九六四年，我不會忘記，因為我考取了空軍的公費留美。好像一下子又站起來了。在美國念書時，我常應邀到獅子會、扶輪社（我現已是社員，也擔任過社長了）、同濟會去演講，很開心。雖然那也不算什麼，回國後收入還是一樣低，也不知道前途在哪裡，但總覺得人生不是那麼灰暗了。

三十六歲，一九七六年，我已經結婚十年了，而且有四個孩子。十二年會有那麼大的變化。我要趁這機會談談我的家人。想到他們，那種幸運、感恩的心情就會湧現。我的太太（不用客氣稱內人了）李百齡，我真的要對你唱：「感恩的心，感謝有你！」沒有你，我不知道今天自己在哪裡，自己在做什麼。想當年我們帶著兩個孩子，擠在景美分租的一間房間時，我們還開玩笑說，我們的客廳、臥室、書房、小孩房都在這一間房裡了。後來能去光啟社，能投入卡內基，因而改變了我的一生，百齡都是幕後推手。我不敢說百齡是一位偉大的女性，但她一定是一位勇敢的女性。

談到我的孩子——三男一女——我不想談他們的工作，或書念得有多好。我最想談，也真的常常引以為榮的是，他們都是好人，他們都很愛家，他們都很快樂。我現在已有十個孫子、孫女了。你是不是覺得我應該特別感恩？

下一個龍年，一九八八年，四十八歲那年是我生命中的里程碑。那一年我開始在台灣推動卡內基訓練。不知為什麼，關鍵的事情常是發生在龍年！

有一次我在電台接受訪問。主持人問我：「快樂是什麼？」我答說：「快樂是你能做你最喜歡做的事；能做你做得最好的事；能做你認為最有價值、最有貢獻的事。」就我而言，教學、分享、演講、寫作真的是我最快樂的事，有時候會進入忘我的狀態。我的數學很不好，執行力也很差，但我要承認自己有舉一反三的聯想力，很會引發創意，能將道理化為故事說出來。最後就是，能幫助別人增強自信，改進溝通能力，與他人合作得更融洽，活得更有熱忱，做一個能影響他人的領導人，進而家庭更幸福、企業更成功，還有什麼比這更重要、更有價值呢？

這二十多年來我一直在做這些事。不只是特別感恩，而且是做得不亦樂乎。一九九七年，也就是我開創中文卡內基訓練十周年時，我應邀在全球卡內基年會演講。其中提到，「這是我一生當中最好的十年，不知道我還有多少個十年可活了，但我知道我還有好多好多可以期望的事。」接著我就哽咽得講不出話來了。

接著這十幾年又發生了好多事。我也沒注意到跟龍年有些什麼關聯。卡內基訓練在二〇〇〇年開始拓展到山東、江蘇、浙江、上海。除了為當地的台商辦訓練外，我們也逐漸成為大陸的民營、國營企業、中小企業的培訓夥伴。的確，有什麼比培養人才更重要呢？

與別的地區比較起來，中文卡內基有兩項較突出的發展。第一，別的國家多半是公司派人來受訓，或公司邀我們辦企業內訓。但在台灣和大陸約有一半的人是自費來參加的。因而有老闆，有家庭主婦，有工程師，有會計師。接著很可能他們的太太、先生，或兄弟姊妹，因看到他們的突破，也跟著來參加了。

另一特色是，每年有很多中學生、大學生來參加卡內基訓練。三年前，我們又為小學五、六年級的孩子開辦了少年班。真的，能夠從小就開始培養充滿自信、開朗熱忱的好性格，該有多好。青少年卡內基訓練之所以這麼蓬勃發展，主要因素應該是中國人的父母對孩子的未來特別關切。畢竟，父母能給孩子最寶貴的禮物，就是幫助他們培養好性格。孩子將來一生，無論是工作、家庭、交友，性格的影響遠超過學識。

寫一本書來慶祝卡內基訓練一百周年、中文卡內基二十五周年，完全是黃德芳的點子。這一年多來，她一直是這本書的推手。我聽過對德芳最貼切的讚美是：卡內基訓練簡直就是為德芳設計的。因為她是那麼有熱忱，那麼關心他人。謝謝德芳。

另外我要特別感謝虞立琪。立琪是這本書的策劃師與建築師。她不只是文筆好，而且常常能將事件的過程轉化成畫面，讓讀者有一種身歷其境的感覺。為了這本書，立琪親自參加了為期十二週的溝通與人際關係班，也上了我教的領導課程。為了要深入情境，她還特別來台灣，到卡內基教室，去訪問台積電、日月光等卡內基的朋友。謝謝你，立琪。

一百年前有一個年輕人，戴爾・卡內基（Dale Carnegie），走進紐約的基督教青年會，開創了第一班溝通與人際關係的實驗班。如今，卡內基訓練在八十六個國家，用三十種語言在教學。學員人數超過了八百萬人。巴菲特、沃爾瑪創辦人華頓、反敗為勝的艾科卡都曾表示，卡內基訓練影響了他們的一生。

二十五年以前（也有四分之一個世紀了），另一個四十八歲的中年人做了一個重要的決定：全心投入卡內基訓練。他什麼都沒有，書沒念好，沒有好資歷，更缺乏資本。他小時候就住在大安森林公園（那時是一大片竹子蓋的眷村）。但他有夢想。他好像很有自信，在好多次挫折、低潮、打擊後，一直還抱持希望。他好期待下一個龍年與你再相見。

連他都能做到，你也一定能做到。

楔子

二〇一二年二月，卡內基訓練機構的年會在美國聖地牙哥召開，這一年是這家世界知名成人教育培訓機構成立的一百周年。年會現場瀰漫著熱烈的歡慶氣氛，年會主題「榮耀與傳承」在台上顯得異常醒目；卡內基訓練來自全世界八十多個國家的分支機構員工端坐台下，他們穿著西裝、套裝，或者是色彩各異的民族服裝，顯得非常隆重。

我站在台上準備發言，主持人正在介紹我。我七十三歲了，是卡內基的講師，同時也是華文卡內基訓練機構的創始人。

我環顧大廳。大廳一側的大螢幕裡，放映著卡內基訓練發展史的短片。一百年來，我們所培訓過的學員面容在影片中交替出現：商人、教師、吸毒者、舞蹈演員等等，他們構成了美國社會的橫斷面，是一群希望改變自己的人。卡內基訓練是美國進入工業化之後的產物，它的成長歷史，伴隨著美國工業社會的進步歷史。隨著工業化在世界各地的發展，到後來，這些面容中出現了東方人、印度人、歐洲人……

大廳醒目之處，掛著創始人戴爾・卡內基的照片。他本人在一百年前由於創辦卡內基訓練所獲得的成功，而成為實現「美國夢」的代表。同時，卡內基訓練又幫助無數人完成他們的美國夢，那種人們透過勤奮、勇氣、創意和決心，而不是因為社會階層的優勢或他人的援助邁向成功的夢想。

能夠幫助人獲得力量、完成夢想，是因為卡內基訓練所傳授的人際關係以及如何面對憂慮的內容，與其說是一項技巧，不如說是一種力量的訓練，戴爾・卡內基經由探索與發掘人性，讓人理解他人與自我，讓人有能力獲得自己想要的人生──除了對金錢、地位有所幫助外，更是我們與世界、與周圍環境、與自己相處的方式。這種方式至今仍在影響我們。

我的目光看到講台的正下方，那裡坐著卡內基訓練機構來自世界八十多個國家的同事們，這些分支機構在過去一百年裡，協助八百多萬人成為卡內基訓練的畢業生。美國《財星》（*Fortune*）雜誌五百大企業中，超過四百二十五家都長期使用卡內基訓練作為企業持續成長的培訓夥伴。而一個世紀之前，當戴爾・卡內基在美國紐約創建卡內基訓練機構時，只有他一個人起步而已。

我的目光環視一圈之後回到講台上，主持人介紹完我的情況，輪到我發言了，我對台下的人們說：「真實的快樂是做自己最喜歡做的事、做自己做得最好的事、做有影響力與價值的事。而且，這三者恰好是同一件事。」

站在講台一側的主持人笑了，他舉起麥克風問道：「那一定是教卡內基訓練？」

「是的，」我也笑了，「我在過去二十五年來，真的是因為在做自己最喜歡、最擅長的工作，才有現在的成績，台下有八十多位卡內基中國地區的講師，他們一定跟我深有同感。」我朝台下望去，目光所及，我來自中國的同事們——他們都穿著西服或者是盛裝長裙，整齊地在會場中起立。全場為我們響起了熱烈的掌聲。後來，我們八十幾位同事一起上台，從卡內基訓練機構的總裁手中接過獎盃和獎品。那意味著，在過去的一年，我們華文地區是卡內基全球業績最好的區域。

掌聲中，我的腦海裡卻浮現出二十五年前我在這城市的景象，那時，我正在參加加盟卡內基訓練前所需的培訓課程，我開著沒有空調的小車，襯衫濕黃，吃著速食店的漢堡作為晚餐，來回奔波。那時，哪裡能想到我能以業績第一名之姿登上講台。

而現在，我已經連續十九年獲得加盟區銷售第一的成績了。卡內基訓練的一些精髓，跟我們東方儒家文化中「以人為本」等思想，如此貼合，以至於在華文世界裡廣受歡迎。另外一方面，我推廣卡內基的這二十五年，也是台灣與中國大陸工業化、城鎮化進展最快速的二十五年，到處孕育並萌生著我們華人地區的「台灣夢」、「中國夢」。

現在，我站在台上，看著戴爾・卡內基先生的照片，分享榮耀，也接受傳承的任務。我仍然覺得我的這二十五年，卡內基訓練的百年歷史，是如此神奇且不可思議。

真希望有機會，我能向卡內基先生表達我的謝意，另外，我有好多問題想與他交流，比如說，他是怎麼從零開始，做到這一切的？

Part 1

卡內基訓練的百年榮光

一九一二年，戴爾·卡內基在紐約開始授課，舉世聞名的卡內基課程踏出發展的第一步，距今正好一百年。黑幼龍於一九八七年將卡內基訓練課程引進台灣，接著再到中國大陸，華文卡內基發展至今恰好二十五周年。卡內基與黑幼龍都抱有信仰，熱愛演講與分享，童年時期也都經歷過困頓的生活。是什麼樣的成長背景、人生經歷和精神力量，讓卡內基和黑幼龍能在一次又一次的失敗後，開創出璀璨的事業和人生？

第一章

榮耀與傳承

第一節

戴爾・卡內基的一百年

出身於貧困的家庭

一八八八年，美國和世界都正在經歷急速變化的階段，世界上第一輛由內燃機驅動的汽車三年前才在德國被發明出來，這種史無前例的交通工具裝有三個輪子，很快美國人也緊隨其後發明了自己的汽車；愛迪生的電燈公司，貝爾的電報公司在過去十年裡於美國相繼成立。整體來說，已經拉開第二次工業革命帷幕的美國，在很多方面都呈現出勃勃生機，一種新的社會生產方式正在暗潮洶湧地醞釀著。比這一切更慢顯露出來的，是當時人們在思想上與這一激盪社會變革相對應所發生的變化。

但這種鼓動人心的變化還沒有傳遞到美國的各個州與城鎮，很多地方的人們仍然保持著傳統的農業生活方式，在美國中西部的密蘇里州便是其中之一。那一年的十一月，在一個寒冷的冬天，一位未來會以激勵人們思想的方法參與這場工業革命中的人——戴爾・卡內基——就誕生在這個州一個閉塞的鄉間小鎮上。此時，地球另一端的中國處於清朝光緒年間，一位叫梁啟超的年輕讀書人在這年向光緒皇帝上書要求變法，但隨後他必須逃亡，這個國家此時還聽不到工業化的腳步聲。襁褓中的卡內基要在幾十年後才會與這個東方國度產生關聯。

在卡內基出生的密蘇里州有兩樣非常著名的「產物」，作家馬克・吐溫，以及密西西比河。戴爾・卡內基出生時，他那位著名的同鄉作家已經五十歲，從其已出版作品的描述中可以看出，密蘇里州曾經是一個奴隸州，而現在很多地方都是貧困的鄉間。戴爾・卡內基便是生活在這樣的環境中，直到他十歲時才第一次看見火車。

卡內基的父親是一個小農場的主人，母親是一位鄉下教師，他是家裡的第二個男孩。在他童年時，看不出他將成為美國歷史上著名人物的任何端倪。實際上，即便有那麼一、兩點，也會被他的父母所忽略，因為僅僅是橫在眼前的生存難題，就夠他們操心的了。

卡內基父母種植的農作物常常歉收，這讓他們的生活很艱難。同時，鎮上的一〇二號河幾乎每年秋天都氾濫成災，每逢這時，卡內基和他的父親詹姆斯・卡內基只能站在農舍周邊的土坡上，眼睜睜地看著棕色的河水洶湧而來，漫過河堤、席捲農地、摧毀農作物。等

戴爾・卡內基的父母

來源：*Dale Carnegie As Others Saw Him*，經卡內基訓練授權使用

到河水退卻，父子倆急切地奔向泥濘的農地，企圖搶救碩果僅存的農作物，但往往徒勞無功。於是，一家人不得不再次借債以度過饑荒。

在這種條件下，卡內基家庭的生活困苦可想而知。卡內基後來在回憶錄中說，自己童年時只能穿一件補著丁的破夾克。到了冬天，厚厚的積雪總是把他的腳凍得又濕又冷，這成了他對冬天最強烈的記憶。

不僅貧困，卡內基的家庭氣氛似乎無助於培養出一位樂觀的孩子。一次水災過後，詹姆斯・卡內基到銀行家家裡去請求延後償還貸款，銀行家卻威脅要沒收卡內基家的財產。沮喪的詹姆斯・卡內基乘著四輪馬車垂頭喪氣地返家，途經一〇二號河橋上時，他停下來，扶著橋的欄杆俯身呆望著靜靜流淌的河水。當時，卡內基感到很奇怪，便問道：「爸爸，你還要等誰呢？」

詹姆斯回答說：「我在想，這河水可以暢通無阻，但我為什麼卻四處碰壁呢？」這句話很多年後還印在卡內基腦海中。他同時感受到，父親是一個悲觀的宿命論者。

卡內基的母親必定曾經為他種下樂觀的種子，這位叫伊莉莎白的婦女是全家的精神核心，面對艱難的生活，她表現得異常堅強。她常常用堅定飽滿的聲音高唱著基督教聖歌，撫慰著全家飽受磨難的心靈。

但是在不久後，這種精神支柱也不復存在，更為悲觀的氣氛襲入整個家庭。由於債台高築，詹姆斯的沮喪和憂鬱與日俱增，長期辛苦勞作也讓他的健康狀況不斷變壞，他停止進食，變得極為憔悴。醫生來到病床前診斷，然後宣布他只剩六個月的生命。經過了一連串災禍之後的伊莉莎白，也開始變得沮喪。

卡內基在後來的回憶錄中寫道，「我常聽見母親憶起，每當父親去穀倉餵馬及乳牛，沒有在她預計的時間歸來時，她總要趕去穀倉看看，她時常害怕會突然發現他的身體倒吊在繩端晃來晃去。」

雖然後來並沒有出現上述的情況，父親也終於恢復了健康，但十歲的小男孩已開始懂

戴爾・卡內基（左）
來源：*Dale Carnegie As Others Saw Him*，經卡內基訓練授權使用

得家庭所遭遇到的不幸了。同時，悲觀氣氛在他心靈所投下的陰影也越來越重。在這種環境下，卡內基長成一位憂鬱、充滿不安與恐懼的孩子，很早就產生了對死亡的恐懼，他總覺得自己犯了很多罪，而且一定會受到上帝的懲罰，害怕死後會下地獄。

同時，在身體外貌上，因為營養不良，這位小學生顯得格外瘦弱、蒼白，頭髮帶著不健康的灰褐色，長著一對與頭部極不相稱的大耳朵。這個永遠穿著破舊夾克的孩子總顯得失魂落魄。

在學校裡，無論是破舊的衣服，還是寬大的耳朵，都為卡內基招來同學們的嘲笑。有一次，在學校的操場上，一位同學威脅他說：「總有一天，我要剪斷你那對討厭的大耳朵。」卡內基為此感到害怕極了，連續幾個晚上都不能入睡，也不敢告訴父母。

然而，不幸的事情並不僅止於此。當卡內基與同伴玩跳窗戶遊戲時，他因為受傷而失去了食指。此後，左手少一根食指也成了同學們嘲笑與揶揄的另一個原因，這種身體上的缺失，令卡內基感到很自卑。不僅同學們嘲笑卡內基，由於他特別頑皮，不認真讀書，連老師也不是那麼看好他。

儘管後來卡內基成長為美國著名的「勵志之父」，但從他小時候來看，這不是一段幸福的童年時期。鄉間狹隘窄小的生活領域，褊狹粗鄙的農村生活，以及家庭的潦倒困頓都使他忸怩害羞、態度悲觀，而且非常自卑。這與他日後廣受大眾青睞完全是兩回事。

但如果說卡內基的童年和密蘇里州農家男孩有什麼不同的話，那就是受到他母親很大的影響。伊莉莎白鼓勵他讀書，希望他將來做一名傳教士，或做一名教師，而且，她還是一位虔誠的基督教徒，她讓卡內基生活在信仰中。

卡內基十三歲時，擁有一台打字機的教師尼克拉斯・梭得借住在卡內基家，工作閒暇的時候，他就為這個小男孩講一些新鮮的東西。卡內基後來回憶說：「我永遠記得這位高瘦的大鬍子教師，當時我覺得他的腦子裡裝滿了滔滔不絕的新東西，他開闢了我生活領域的新天地，也啟迪了我的智慧。我至今都還記得，『直覺』和『心理學』這兩個名詞就是他教給我的，當然還有許多更重要的東西……」

可惜梭得先生在卡內基家停留的時間非常短暫，卡內基短暫的知識啟蒙很快就結束了。

但是，在三年之後，伊莉莎白對卡內基的期待讓她做出一個重大的家庭決定，這個決定是卡內基一生中第一個重要的轉捩點。

演講比賽冠軍

一九〇四年，在美國歷史上是個特殊的年分，這一年，希歐多爾・羅斯福（即老羅斯福）連任美國總統，為經濟與人口都快速成長的「鍍金時代」劃下了句點，此時的美國已經從農業國家轉變為工業國家，鐵路的總長度達到空前的二十萬公里，製造業急速發展。美國社會經歷著巨大的轉型期，產生大量財富以及隨之而來的剝削、苦難、不公、失業、貧困、骯髒不堪的城市貧民窟和動盪的社會。

這一年，卡內基十六歲，即將從高中畢業。社會的變化並沒有帶給遠在密蘇里州小鎮鄉間的卡內基家庭太大的衝擊。但是，隨著經濟發展而來的快速城市化也間接影響著這個家庭務農的傳統：他們的兒子卡內基還要成為一位農夫嗎？卡內基需要做出選擇，自己高中畢業後是要繼續讀書，還是要回家務農，就如同他的父親一樣。

伊莉莎白渴望兒子選擇前者，儘管目前沒有太多資料可以顯示是伊莉莎白做出了一個重大的家庭決定，但是從伊莉莎白與詹姆斯夫婦各自的性格以及他們對兒子的期待來看，是這位心有追求的母親，而不是唉聲歎氣的父親在為兒子謀劃著未來，並且一路鼓勵他向前走。這個決定就是「搬家」，從一個鄉間搬到瓦倫斯堡州旁的一處農場，那裡距離當地的瓦倫斯堡州立師範學院只有三公里，那是可以每天往返的距離。這麼短的距離意味著一次機會。

瓦倫斯堡州立師範學院相當於一所高級中學或專科學校，只要是畢業後願意成為教師的密蘇里州學生，就可以免學費就讀這所學校，只需要負擔食宿費用。卡內基家搬到了學校附近，就可省下這筆食宿費用——這兩筆支出中的任何一筆，都是這個家庭所無法承受的。於是在搬家之後，卡內基擁有了進一步學習的機會，他隨後就成為瓦倫斯堡州立師範學院的學生。

讀書，升入更高一級的學校對於很多社會底層人士而言都意味著巨大的機會，而且幾乎是唯一通往中產階級的途徑。從之後發生的事情來看，卡內基充分地運用了這次機會，以至於他的生活果然發生了巨大的改變。

進入新的學校後，身材已經長高的卡內基依舊對自己笨拙的外表和破爛的衣服感到自卑。但不同的是，隨著年紀漸長，卡內基這時候已經深深地體會到，如果不改變自己的生活，就會像父親那樣狼狽與辛酸。他絕不願重蹈父親的覆轍，但要怎麼改變呢？

幸運的是，學校為他開了一扇窗——儘管仍然非常困難。這所學校非常重視演講，在校內的演講比賽獲勝是一項殊榮，卡內基決定一試。他報名了，然後，每一次比賽中都失敗，總共十二次。

最後一次比賽敗北後，卡內基垂頭喪氣，他所有美好的希望都被粉碎了，隨之而來的是自責，並對自己的能力產生極大的懷疑。他拖著疲憊的身子，筋疲力竭、意志消沉地在一〇二號河畔徘徊，自殺的念頭閃過他的腦中。但這位在坎坷中長大的農家子弟有一種頑強的生命力，他最終沒有走上不歸路，而是選擇重新開始。

他破釜沉舟般瘋狂地訓練自己，從手勢、體態到演說內容。那時候，卡內基由於演講的需要背誦了很多林肯等人的名言，這些努力在他日後一輩子的旅途中都能看得見痕跡。

所有的努力在一九〇六年獲得了回報，卡內基以「童年的記憶」為題發表演說，獲得了學校演講比賽大獎。這是「大耳朵的卡內基」人生道路上第一次攻頂成功。此後，他對自己開始產生信心，而他的生活也開始豁然開朗。「從那一天起，我知道我該走怎樣的路了……」卡內基後來回憶說。

接下來的學校生活裡，卡內基雖然仍然貧窮，但他因為演講已經成為學校的風雲人物，在各種場合的演講比賽中大出鋒頭，而且還輔導其他同學的演講技能，與剛進入學校時的害羞自卑相比已有天壤之別了。

「美國夢」是美國這個自由國度最美好的產物之一，在很多年後，當卡內基在社會上功成名就，透過奮鬥擺脫貧窮、獲得財富與聲望時，人們讚揚他是美國夢的代表。但是，在我看來，卡內基早在他青年時，就開始實現自己的美國夢，他的成功並非是從積累財富開始，而是早在透過自己的努力擺脫自己在精神上的自卑與悲觀時就已經開始了——就像他最熱愛的林肯所提倡的一樣。此後一輩子，他從事的都是一條心靈奮鬥的道路。

在卡內基進入師範學院的一九〇四年，美國一本叫做《企業家》的雜誌發刊，它的發刊詞節選自湯瑪斯．潘恩的《常識》，是這樣寫的：

我要做有意義的冒險。

我要夢想，我要創造，我要失敗，我也要成功。

我拒絕用刺激來換取施捨；

我寧願向生活挑戰，而不願過有保證的生活；寧願要達到目的時的激動，而不願要烏托邦式毫無生氣的平靜。

我不會拿我的自由與慈善做交易，也不會拿我的尊嚴去和發給乞丐的食物做交易。

我絕不會在任何一位大師面前發抖，也不會爲任何恐嚇所屈服。

我的天性是挺胸直立，驕傲而無所畏懼。

我勇敢地面對這個世界，自豪地說：

「在上帝的幫助下，我已經做到了。」

從這個角度可以看出，儘管當時的美國經歷著瘋狂追逐財富的鍍金時代，但同時也提倡一種氣氛，一種為了獨立、樂觀的人生態度以及良好精神面貌而奮鬥的氣氛。

卡內基也生活在這樣一種氣氛之中。但是，一直生活在鄉村的卡內基當時對此並沒有深刻的體會，他也無從知曉，自己在未來幾十年後將成為推動這種氣氛的要角。當時，他正面臨畢業，以及畢業後隨之而來長達數年的種種磨難。

初入社會

大學畢業後，卡內基陸續從事了很多職業。一開始，這位年輕而興致勃勃的演講者開始向外出售自己的函授演說課程，卻沒有多少人購買。

接著，卡內基來到奧馬哈當推銷員，主要是在印第安人村落之間的畜牧地向這裡的人們推銷鹹肉、肥皂和脂油。他有時騎著野性的小馬，跟當地人玩撲克牌，也學習如何收帳。

兩年後，卡內基辭職來到紐約，用他存下的一些工資完成自己的夢想：在美國戲劇藝術學院學習表演。他不知道的是，此後，自己將在這座城市遇到極大的失敗，還會擁有更大的成功，他的餘生都扎根在這裡。

在兩年的時間裡，卡內基一邊學習，一邊觀看了百老匯的戲劇演出：輕鬆的浪漫劇、肥皂音樂劇，以及一些諷刺時事的幽默喜劇。

距離那一百多年以後，在世界各國的卡內基訓練課堂上，都會出現一個內容：用角色扮演的方式，戲劇化地讓人發現自己的情緒。這也許就是那段戲劇學習生涯帶給卡內基的收穫。

卡內基的另一項寶貴收穫卻非常短暫：一段愛情。卡內基與女演員珍妮愛得纏綿悱惻、難解難分。但最終，因為無法忍受窮困潦倒的生活，珍妮離開了他。此時，卡內基不成功的演員生涯也走到了盡頭。

一九〇八年，福特汽車公司開始生產出世界上第一輛屬於普通老百姓的汽車——T型車，世界汽車工業革命就此開始。儘管小人物並不能體會到工業革命這種風起雲湧的變化，但這並不妨礙他們成為各種新發明的受益者。

卡內基從臨時的劇組退出後，仍然留在紐約，他成為汽車銷售員，銷售成績還不錯。但卡內基並不快樂，他不熱愛機械，也不關心汽車。同時，他身邊沒有親人、朋友，只有一個天天催促他交房租的房東。他甚至不知道自己的人生該如何繼續，生活的理想在哪裡，自己是不是要死了？

這一次，改變卡內基的是一個詞：夢想。

有天，卡內基接待了一位頭髮斑白的購車者，他們聊起了夢想。「你的夢想是什麼？」老者問。

「我不知道。」卡內基這樣回答。

他告訴老人，自己喜歡寫作，卻不知道該不該堅持下去。

「你的職業應該是能使你感興趣並發揮才能的。既然寫作很適合你，為什麼不試一試？」老人問。

卡內基恍然大悟，他突然發現從大學時代起，自己就有一種想要把腦海中的想像都記錄下來的衝動。經過了仔細思考，他做出了一個改變自己命運的決定。他辭去了銷售的工作，開始寫作。

可以看出，卡內基是一位行動力很強的青年，他敢於去做任何他渴望嘗試的事，如果不是因為如此，他也不會一次又一次地從挫折中站起來，抖抖身上的灰塵，重新投入下一個目標。就目前而言，卡內基的下一個目標是找一份兼職工作，維持生活。

創辦卡內基訓練

一天，卡內基路過基督教青年會，發現此地正在招聘社會學的講師，他便去面試，憑藉演講與銷售員的經歷，卡內基通過了面試。

但是，基督教青年會為聘用一位之前是銷售員的人擔任教師而感到有些猶豫。此時，卡內基提出一個既機智靈活又風險極高的建議：他可以不採用慣用的一節課兩塊錢的薪資方式，而是採取抽取學生學費佣金的方式來獲取報酬。這樣一來，學校方面不會承擔太大的風險，便同意了這個做法。於是，一九一二年，卡內基當上了公共演講課的教師，這正是他未來創辦卡內基訓練的起點。

卡內基在成為教師後，按照大學裡的演講課內容教第一個班的學員，但他很快就發現，請學生抑揚頓挫地背誦出莎士比亞戲劇中的獨白，無助於這些學生白天所從事的各種職業，成人教育的學生來到學校並非需要一紙文憑，他們可能是教師、推銷員或經理，他們來學習演講是為了能在第二天的工作中用到這門技巧。

學生們是上一次課繳一次學費，如果他們無法從卡內基這裡學到他們想要的內容，第二次就不會再來上課，這樣，卡內基就不能從學費中抽成。為了生存，卡內基必須在最短的時間內找到非常實用有效的方法來吸引更多學生。

這對任何人而言都是非常大的挑戰。但這種市場狀況，同時也成為卡內基演講課程尋求創新、變得吸引人的最強推動力。

卡內基苦思惡想之後，決定用一個辦法：讓學生自己開口，鍛鍊他們的演講能力。

當年卡內基學員的心理狀態和一百年後現在學員的心理狀態，可以說是沒有什麼不同——他們不敢開口，甚至怕得要死。一次，卡內基請一位學員站起來說話，這個學員隨即害怕得暈倒了。

要讓學員們開口，卡內基決定首先消除學員們的恐懼，他在一次課堂上指著最後一排中的一個人，請他站起來，並要求他：「請簡短地發表一下即席談話。」

「談話？我能談什麼？」

卡內基猶豫了一下，「談談你自己，告訴我們一些有關你的背景和日常生活的事。」

這名學員照做了。然後，卡內基請下一個學員繼續說，最後發展到班級裡每一位學員都發表了簡短談話。

「在不知道究竟該怎麼做的情況下，」卡內基後來說，「我誤打誤撞地找到了征服恐懼的最佳方法。」這個方法就是請學員發表簡短的談話。

就這樣，卡內基摸索出一套讓學生開口說話的經驗。

這種做法在那個時候還沒有先例，也沒有什麼評鑒辦法可以評定他這套辦法的效果。在大學、高中和成人教育中教授公開演說的方法，是擬訂演說綱要、控制呼吸、運用手勢、注意姿態諸如此類的東西。但是卡內基不要求這些，他只是請學員講出自己感興趣的東西，一些最簡單的話題，諸如孩提時代的經歷、令人生氣的事情以及一生中最悲傷的事等等。

他發現，很多人不善於表達，是因為他們內心深處有一種懼怕——懼怕表現自我。而一旦人們談到自己內心深層的感受就會滔滔不絕，那時的人們說話完全是跟著感覺走。

從這裡可以看出，卡內基在訓練演講的一開始，就已經非常關注心理層面的問題。

很快，每個學生都要發表一個為時兩分鐘的簡短談話，在演講前，能得到老師的提示。在演講結束後，可以獲得老師真誠的評語，以及所有同學熱烈的掌聲——這也是基於心理需求。

卡內基的辦法確實奏效。透過揭露自我內心的方式，卡內基發掘出人們演講的潛能，就連那些拙於言詞的人彷彿也一夜之間變得口齒伶俐。直到一百年後的今天，發表一個不超過兩分鐘的簡短談話仍是卡內基訓練最主要的訓練方式。

這個方式之所以成功，在於卡內基對人精神與心理層面的關注，更甚於演講技能。這種對人的關注，也成為他未來一生事業發展的獨特競爭力。

於是，卡內基的課程越來越受歡迎，很多人為了聽他的課甚至願意驅車上百公里趕到這裡。他的課程取名為「戴爾卡內基班」。

接下來，卡內基萌生了進行更大發展的念頭，他離開了基督教青年會，和自己的學生一起成立公司，創建了真正的「卡內基訓練」。那是一九一二年的冬季，距今正好一百年。

這一年，在卡內基訓練未來將要到達的中國，大清帝國的皇帝剛剛退位，孫中山先生建立了中華民國政府。

在這之後不久，卡內基的事業便初具雛形。他組織課程，對很多人講授演講課程。

不久後，卡內基增添了一堂「如何解決憂慮」的課程。在圖書館裡，卡內基看到圖書目錄中「蟲」這個條目的書有一百八十多冊，比「憂慮」多得多——看起來，人們關心蟲更甚於憂慮，但「憂慮」可是每一個人都要面臨的大問題。

於是，卡內基根據自己的經歷與思考編寫了一些克服憂慮的辦法，教給那些成人們，讓他們自己在實際生活中去運用，然後這些學員把運用效果在班上報告出來，讓他們現身說法——這正是卡內基一貫使用的方式。

這時候，需要管理團隊的卡內基發現自己成為了一位領導者。而上課的學生們，那些董事長、經理等管理人員，也要求卡內基提供能用於工作上的領導技能。卡內基又從人際關係中尋找領導學的方法。

在之後五年的時間裡，是卡內基的事業發展得平穩而順利的時期：在美國贏得了不錯的口碑、培養出一批卡內基式演說高手，其中一些後來成為卡內基的合作者，更為重要的是，卡內基發展出一種特殊的訓練方式，集結了演講技巧、溝通、人際交往、實用心理學等組合作為卡內基訓練的核心。同時，課程內容也有系統性的整理與發展，總共十六節，包括擺脫憂鬱、團體勵志等等，這些課程在一百年後的今天，由於現代工作節奏加快等原因而縮短成十二節與九節，但其精髓始終沒有改變。

戰爭波折

一九一七年，美國對德國宣戰，加入了第一次世界大戰。這次戰爭打斷了美國人的生活，徵兵的對象包含全美國所有十八到四十五歲的男性。美軍一個師的人數，約兩倍於相應的英法部隊。這證實了一個歐洲人的普遍觀念，即美國人做什麼事情都是大手筆的。

在這種「大手筆」的狀態下，教師卡內基也應徵入伍。十八個月後，德國投降，卡內基和被派到戰場上的士兵一起，回到了過往的日常生活中。

但是，戰後的生活已經完全不同，人們都在尋找著自己的工作，或領取救濟金。許多復員士兵開始上街遊行，要求增加為戰爭所付出的津貼。戰後那段灰色情緒仍籠罩在人們心上，整個美國在慢慢治療著自己的創傷。

這個時候，沒有人願意參加訓練課程。卡內基有一位朋友，普林斯頓大學演說系教師羅威爾・湯姆斯，他在美國頗為知名，他與卡內基因演講而結識，戰後，羅威爾・湯姆斯邀請卡內基擔任自己的經紀人以及演講助理，幫助他在英國、美國、加拿大進行為期兩年的巡迴演講，卡內基同意了。

一九一九年的頭幾個月，羅威爾・湯姆斯的演講非常成功，卡內基心中燃起對事業的熱情。這時，湯姆斯起身去澳洲度假，為此，卡內基尋找到一位替代者，繼續進行同樣主題的巡迴演講。但是，儘管卡內基非常努力，他仍然失敗了，沒有了羅威爾・湯姆斯的號召力，卡內基無法招攬到觀眾。這次失敗在卡內基的一生中不算嚴重，但當時的媒體已經對卡內基的健康情況進行了報導，雖然指稱卡內基已經精神崩潰是過於誇大，但卡內基的精神的確受到了沉重的打擊。

一九二一年，卡內基的人生發生了一件重要的事，他與法國包卡瑞伯爵的女兒，女伯爵洛莉塔・包卡瑞結婚。婚後，他們定居在法國。和洛莉塔相識的確使卡內基心靈上的創傷有所癒合，歐洲美麗的風光也令他神往。

但長期在法國生活讓卡內基感到苦悶，他除了寫作，只能旅遊。特別是在他寫完小說《暴風雨》之後，這種苦悶更是與日俱增，因為這是一本徹底失敗的作品，出版商都拒絕出版。

奇怪的是，這位後來被視為成功學的代表人物，卻在人生很長一段時間裡屢屢遭受失敗和挫折。但一個人是否成功，不在於他是否遭受失敗——這幾乎是每個人都會遇到的——而在於他是否能夠從失敗中站起來。從這個意義上來說，也許這些失敗本身，就是形塑卡內基成功的過程。

但當時，這種失敗對卡內基是巨大的打擊，他後來回憶當時的心情：「如果有人在那個時候用棒子打在我的頭上，我都不會吃驚。我茫然若失、心情痛苦。我該怎麼辦？我該轉向何方？」

最終，卡內基決定不顧妻子的強烈反對，回到美國，繼續進行卡內基訓練。此時，他與妻子的關係已經出現了很大的裂痕。卡內基從招收學員做起，每天都孜孜不倦地工作，看似一無所有的生活，讓他再一次不惜付出一切的代價。卡內基這種在逆境中奮發圖強的精神，正是他走向成功的巨大支柱。

到了一九二六年時，卡內基訓練創辦已經十四年了，他教過的學員已經有大約一萬五千人，雖然規模相對而言並不算很大，但累積的經驗卻不斷豐富著他的教學。這一年，他寫的《公眾演說：商用課程》一書出版了，這本書代表著卡內基教學的水準，書中提到一個當時社會上全新的演說體系：熱忱是演說的關鍵，而內在精神則是演說的重點，發揮自己的勇氣及自信心也是一個重要層面。這本書是目前卡內基訓練仍然在使用的教科書。經歷了這些起伏，卡內基的訓練又向前邁出一大步。此時，卡內基三十八歲，正是他發展事業的黃金時期。卡內基總算走出了過去失敗的陰影。

但意外再次來臨。

再遇危機

卡內基的童年在混雜著繁榮與無序的「鍍金時代」中度過，事業剛剛起頭時遇到了第一次世界大戰，而當他的事業正蓬勃發展時，社會變化再次改變了他的生命軌跡。

一九二九年，美國爆發了空前的經濟大蕭條，這是鍍金時代泡沫式繁榮的產物。大蕭條持續數年，遍及美國各個角落，影響到各行各業。股市狂瀉、工廠倒閉，很多家庭的財產蕩然無存，到處是失業、饑餓、怨氣與恐慌。僅紐約市一天內必須供應超過八萬份伙食給八十二個等待救濟物資的處所。整個社會的經濟生活陷於混亂與癱瘓。

和很多人一樣，卡內基的所有積蓄都賠光在股市裡，看不到未來有什麼機會，那時他已經有四個月沒開課了。他與妻子洛莉塔之間的爭吵越來越厲害。卡內基這時候感到自己正處於人生的低谷。這次他選擇了逃避，為了躲開不景氣的環境和家中洛莉塔的糾纏，他動身去旅行。

一九三〇年，卡內基來到中國。這是卡內基以及卡內基訓練與中國產生的第一次交集。中國那時候看起來並不是一個理想的旅遊地點，由於軍閥割據，中國內戰不斷，有八〇%的人都處於饑餓或半饑餓的狀態。

然後，正是在這裡，卡內基看到了貧窮、疾病、苦難，這些事是大多數美國人無法想像的。中國農民面對困難時，依舊表現出樂觀的向上精神，帶給卡內基極大的震撼：別人這麼窮苦，還在繼續奮鬥、求生存、力爭上游，我怎麼可以放棄？

之後，卡內基離開中國返回美國，他後來回憶說，自己在舊金山下船時，簡直是跳著舞步在街上行走的。美國依然在經濟大蕭條中掙扎，但是，卡內基心裡已經重新點起了創業的勇氣。中國行的另外一個收穫是，卡內基此後對中國傳統哲學產生了興趣，他後來在自己最為著名的書籍《卡內基溝通與人際關係》中引用了孔子和老子的睿智言論。

從中國回來後，卡內基開始將他的全副精力用於發展卡內基訓練。

一九三五年，美國還沒有擺脫大蕭條的陰影，這一年的五月，羅斯福總統頒布了一項成立工作進展管理處的行政命令，這個管理處將在往後的八年兩個月中持續運行著，主要功能是解決全美國近千萬人的失業問題。

在這樣的環境下，卡內基的新書《卡內基溝通與人際關係》於一九三六年出版了。這本書告訴人們如何與人溝通，如何克服煩惱、建立信心。

卡內基贊成這樣的觀點：一個人事業上的成功，只有一五%是由於專業技能，而其餘八五%是依靠溝通與人際關係。因為，他著眼於自信心的培養和人與人之間的溝通，讓人們受歡迎、事業順利。卡內基的溝通哲學是：溝通可以創造贏家，那就是溝通者真正的自我。贏家展露自己，而不討好或觸怒他人。

邁向巔峰

《卡內基溝通與人際關係》一出版就受到人們極大的歡迎，很多人與他一樣想走出陰霾，想要破局而出。許多人想找到工作，他們紛紛尋找心理和技術的幫助，而這本書在此時出版，似乎替人們指引了一條明路。

卡內基的影響力不止於民眾，還擴展到政府部門，美國內政部出面召開了一個由卡內基主持的演講會，並且請全國所有電台為他轉播。

當時的美國社會雖然處於經濟蕭條時期，一方面有不少人在挨餓，但另一方面有些富人卻在盡情享受。貧窮的人想致富，人們便紛紛把眼光投向這本書。

當然，卡內基也遇到不少批評者，當時評論家莫卡因認為卡內基的方法造就了一些社會投機分子，他們因巧妙地處理事物而能比不曾學習過卡內基方法的人發展得更好，造成社會的不平衡。

卡內基則反駁說，他的課程是解決一些人處理問題上的方法，而且每個人都有富有的權利，不應該貧窮。卡內基對他的一些反對者說：「我們心中的友善、體諒和謙遜都被生活的擔子壓垮了，我只不過是對極端頹廢的社會群眾進行一次有效的調整罷了。」

這些批評並沒有阻止更多人向卡內基學習，在卡內基發表電台演講後的幾週內，要求購買書籍和參加卡內基訓練的信件如雪片般飛來，他足足收到二十萬封信。

《卡內基溝通與人際關係》具有如此巨大的魔力，它的銷售量僅次於《聖經》。在當時，這本書帶給了逆境中的美國人信心與力量，被媒體稱為「在一定程度上影響了美國人民的行為方式和生活態度，說明美國人民度過了那段經濟不景氣的年代。」

在這以後，卡內基的事業發展得非常順利，不能不說，卡內基同時也是一位行銷高手，一九三七年，卡內基在《紐約時報》為自己的課程登廣告時，有兩百多位名人學生為卡內基課程提供了親身體驗。這則廣告大膽地對課程的十五點助益做出了保證，諸如參與者能學會思考、增加收入、贏得更多的朋友、發展潛能、改善人格形象等等。

卡內基的學生越來越多，人們懷著期待而來，然後帶著不同的解決之道離去。卡內基本人的社會地位與財富也跟著水漲船高，他被視為一個實現美國夢的代表。他是體會過個中滋味，並且依靠堅毅之心隨時準備應付最糟處境，透過奮鬥而取得勝利的人。這正是灰暗時代裡人們所渴求的希望。

卡內基訓練蓬勃地發展著，情形已經超過了他本來的想像。

不過，卡內基的財富雖然增加，但家庭生活並不和諧，他已經在一九三一年與洛莉塔離婚。深深的寂寞和孤獨占據著他的心。而且，很少有人能了解他，卻有不少人誤解他、誹謗他。這種無奈常常揮之不去。同時，卡內基發現，自己想在盛名之下過平淡的日常生活，根本是不可能的。卡內基覺得自己並不是人們希望的那種完全成功的人，他覺得社會對自己過於苛求，而且自己也似乎疏忽了對自己的更高追求。

卡內基的這種挫折和無奈感有時從某個角落冒出來折磨他，有時他為此整夜無法入眠，不得不下床走來走去。

一九三八年，就在《卡內基溝通與人際關係》一書的暢銷達到高峰的時候，卡內基由於工作勞累以及與妻子不和諧的生活，帶著挫折感離開美國前往歐洲旅行去了。

沒有了卡內基，「卡內基課程」開始呈現經營不善的局面。

於是，一年後，一九三九年，卡內基不得不回到美國拯救事業。卡內基以裁員、換到低成本辦公室等方式降低了企業的支出，將日常的營運穩定了下來。

思維的力量

卡內基課堂上，一位四十五歲的會計師正在對同學描述自己的經驗。他說，當他正要批評未能按時完成報告的祕書時，他想到卡內基在課堂上的說法：「現在，先等一秒鐘，就可能有不同的方法來處理這件事情。」

於是，會計師想了一秒鐘。

他想起了一些人際關係的原則：能贏得爭論的方法，就是避免發生爭論。於是，這位會計師收起憤怒，而是傾聽祕書所遭遇到的困難。然後，祕書自願留下來加班，把工作做完。這樣，他們沒有發生爭執，報告也及時完成了。

當這位會計師講完後，全班同學為他鼓掌。這是典型戴爾・卡內基人際關係原則的運用。

這樣讓人皆大歡喜的例子每天都在卡內基課堂上被提及。畢業的學員知道自己心裡已經擁有一套生活原則，能幫助他們和諧地與人相處、設計目標、減少憂慮、增強記憶力、保持正面態度。

和許多宗教、自助團體甚至商業手法一樣，戴爾・卡內基課程提供了一套生活準則：遇到問題時，先擬出可能的解決途徑，然後運用最適當的方法。

卡內基也承認，他不曾發明什麼原則，他所做的不過是總結前人的經驗和想法。卡內基設計出的訓練方式，使人們有簡易的生活準則得以遵循。這是卡內基的過人之處，因為當一些基本原則出現之後，更重要的是如何實踐它們。

卡內基非常相信思維的力量。有一次，當他被問及曾經經歷過的最大教訓時，他引述羅馬哲學家瑪律克斯・歐瑞利斯的話說：「生活是由思想所造成的。」

卡內基同時也是一位行動力很強的人。卡內基原則大多數並非由思考而來，而是當他看見一個信念奏效了上百次時，他才認為是真的奏效了，然後才會對此思考。

卡內基所提倡對生命積極正向的態度，對他人與生活要誠懇、友善的做法，其實很接近宗教的內涵。這大概是卡內基原則能快速打動人心，並且歷久不衰的原因。隨著美國社會經濟的發展，更多人領悟到正向態度對生命的重要性。

當卡內基確信自己的影響力已經足夠時，他開始出國演講，第一站是加拿大。演講效果非常好，順理成章地，卡內基在加拿大開辦了卡內基訓練課程。於是，卡內基創辦了「有效率的演說及人際關係的卡內基組織」，他帶領這個組織，繼續往其他國家前進。從英國的會議大廳，到原始部落的茅屋，從酷熱的熱帶地域，到寒冷的斯堪地納維亞，接受卡內基訓練的人越來越多。

學員裡有工人、家庭主婦、普通白領，還有洪都拉斯的總統和總統夫人、冰島的總統和許多內閣成員等等，不僅如此，一些國家的成人教育也採用了卡內基教材中的部分內容。為此，媒體評價說，這形成了現代成人教育的一種潮流，一種「卡內基運動」。

卡內基的這門課程，則幫助他解決了自己生命中的許多衝突。在課程中，他是牧師、教師、朋友、演員、領導者、心理學家、哲學家、作家……這種不尋常的人格特質，恰好成就了現在的卡內基。

事業與人生都蒸蒸日上

一九四四年，卡內基的事業趨於穩定，同時發生了人生另一件重大的事情：他與相戀一段時間的桃樂絲結婚了。

婚後的第二年，卡內基創建了自己的私人公司——戴爾·卡內基公司——以運作自己的事業，卡內基自任總經理，桃樂絲任副總經理。桃樂絲是一個聰明能幹的女人。她既是卡內基家庭生活的保障，也成為他事業發展的好幫手。

一九四八年，卡內基出版了另外一本書《如何停止憂慮·開創人生》，這本書同樣是他課堂教學的經驗累積。這本書與《卡內基溝通與人際關係》一樣，成為卡內基訓練的基本教材，暢銷至今。

一九五一年，卡內基夫婦有了他們唯一的孩子，唐娜·戴爾·卡內基。卡內基的朋友摩門·賓森後來對媒體回憶說，他記得卡內基走進大理協同教會的教堂時對著他說：「恭喜我吧。我妻子生了小孩，而我已經六十三歲了。」

當朵娜還是個學走路的小娃娃時，卡內基常常帶她到森林山丘住宅旁的水池邊散步。而當他開始熱烈地和別人談話時，常常忘了自己正在照顧小孩。當他回到家裡，桃樂絲問他孩子現在在哪裡時，才發現自己忘記孩子這回事了。

一九五一年，學員們源源不斷地湧入卡內基訓練的大門。在美國奧馬哈，一位害羞的二十一歲美國小夥子來到當地的羅馬飯店，他帶了一疊一百美元現金，把這筆錢交給前來會面的卡內基講師沃利・基能，然後對他說：「在我改變主意前，把錢收好。」這是這位菜鳥業務員上班第一個月的全部薪水。

接著，這位小夥子開始參加卡內基訓練。剛剛到教室的時候，他發現，裡面大概有三十個人。他回憶說，這些人「不會說自己的名字，全都站在那裡，彼此間不會交談」。而他自己更是非常恐懼，他天生性格害羞內向，從不敢上台講話，否則會手心冒汗、語無倫次。

他有足夠強烈的願望改變這個情況，那時候他正在追求一位叫做蘇珊・湯普森的女大學生，他希望自己首先能流利地與蘇珊交談，那個蘇珊畢業前的夏天也許是他唯一的機會了。

這位小夥子報名之後，定期去參加戴爾・卡內基課程。他開始展現令人驚訝的改變，他回憶說，「那一週我贏得了鉛筆。如果你完成了很有難度的事，以及做了最多的練習，他們就用鉛筆作為獎品。」在這樣的鼓勵下，他甚至完成了另一件重大的事情，他說：「我得到了鉛筆獎勵的那週，也是我求婚的那週。」

他向蘇珊・湯普森求婚成功。當他從卡內基訓練畢業時，已經成為一位能比較流利地演說的小夥子，他獲得了卡內基訓練的畢業證書，並且將它小心翼翼地保存起來。

這位小夥子叫做華倫・巴菲特，後來成為知名的「股神」，美國《時代》週刊所評選的「世界百大最具影響力人士」，他當年參與卡內基訓練的過程，出現在他的傳記《雪球》裡。

時至今日，時間過去了半個多世紀以後，在巴菲特的辦公室沙發旁醒目的位置，掛著一張用相框鑲嵌起來的證書，那正是一九五二年一月他所獲得的卡內基訓練畢業的珍貴證書。這位世界首富解釋說，「我所做過最好的投資就是參加了戴爾卡內基班。」

巴菲特正是利用溝通能力影響了自己的人生，甚至影響其他人的好例子。如果他沒有改善溝通能力，現在可能是個理財專員或投資顧問，生活過得去，但是很難達到目前的影響力。

當年，當年輕巴菲特來卡內基教室上課時，卡內基還在掌管著這個機構，但他們並未謀面。卡內基訓練後來還培養過很多非常著名的學員，比如福特汽車總裁艾科卡等，但卡內基同樣並不知道。

一九五五年十一月，六十七歲的卡內基因病逝世於寒冷的紐約，他無法再繼續看到卡內基訓練所帶來的榮耀。

那時候，他的《卡內基溝通與人際關係》賣出了近五百萬本，無數讀者都記得他說過的話。卡內基的哲學思想、成人教育的原則和方式，已經成為一種不可或缺的教育模式。

夫人的傳承

在卡內基去世後，他的夫人桃樂絲繼續成就卡內基的事業。

據說桃樂絲是一位溫和但不失嚴厲的管理者，這是她日後能維持日益壯大的卡內基訓練機構的一個重要原因。曾經有一位男性高層管理者對桃樂絲說：「我還不太習慣在一位女性的領導下工作。」桃樂絲立刻回答他：「那你很快就能感到習慣些了，因為現在你已經

卡內基的夫人桃樂絲（左）

來源：*Dale Carnegie As Others Saw Him*，經卡內基訓練授權使用

被解僱了。」

在桃樂絲之後，卡內基訓練機構又經歷了幾任專業經理人。現在是由彼得‧韓德（Peter Handal）先生擔任這家機構的總裁。

在這個過程中，美國又經歷過多次金融危機。不過，每一次金融危機都帶來「卡內基熱」。伴隨著世界各國工業化發展的過程，以及追逐夢想的渴望，逐漸地，在美國，卡內基訓練被四百多家《財星》五百大企業採用。巴黎、印度、台北、上海，卡內基擴展到海外，在八十六個國家設立了分支機構。

在這個過程中，卡內基的基本教材幾乎沒有改變，這是它的核心競爭力。維持不變的還有卡內基訓練所提倡的「多微笑、少爭辯、對人的尊重」的方法，這一點，被卡內基訓練運用在自己的企業經營中。當卡內基進行全球化發展時，這個特點明顯地表現為對各國文化的尊重、對當地員工的重視。

卡內基的課程在全世界以三十種語言進行教學，在八十六個國家都是以當地人作為企業領導者，這些在地的領導者將卡內基訓練的精神進行轉化，以適應、符合每個地方的文化。

卡內基教材的架構在全世界都一樣，但教材中的案例，在每個地方都是用當地的例子。例如，卡內基教材中都有「熱身」（warmup）的階段，其中有部分方式是大家舉手搖動、振臂高呼，但在德國，這部分就被去掉，因為這些動作會讓德國學員聯想到納粹。教材中告訴學員，微笑是最好的溝通方式之一，但在波蘭，對初次見面，還沒有互相介紹的人微笑，別人會把你當瘋子，所以也在教材中做了調整。這一切都由當地領導者完成，因為若不是他們，誰會這麼了解當地文化呢？

卡內基的發展越來越全球化，彼得•韓德前一陣子想為卡內基訓練的波蘭分支機構尋找一位管理者，他在紐約的辦公室，幫他物色人才的獵人頭公司在倫敦，而最終尋覓到的人則在華盛頓。

還有一個英國的大客戶，他們想要對波蘭分公司的主管進行訓練，可是卡內基當時在波蘭並沒有公司，於是卡內基廣泛尋找合格的波蘭籍卡內基講師，結果在加勒比海地區找到這個人，他願意回波蘭工作。

一百年前，卡內基訓練成立時，當時股價表現優於紐約道瓊指數的上市公司有二十家，到現在，其中十五家已經消失了，只剩五家留了下來。有人說企業是有生命的，從誕生，到成長、茁壯、巔峰，然後會衰老、退化，最後企業生命就結束了，除非它能在其中一個階段再生。

卡內基訓練能夠成功，首先是因為戴爾·卡內基洞悉了人性，他立下了很簡單的原則，這些原則不只歷久彌新，甚至能夠跨越文化、地域的障礙。

直到現在，當年戴爾·卡內基所訂立的原則依然沒有改變，學員們都有一本小冊子，上面寫著「少爭辯、多微笑」，這本小冊子，我們翻譯為《金科玉律》。

在最近這二十五年，有一位和卡內基一樣有信仰、熱愛寫作與演講，渴望幫助他人的人，在東方開始卡內基的事業。

這個人，就是我。

第二節

黑幼龍的華文卡內基之旅

生於戰亂

我出生在一個比較特別的家庭，我母親出身自書香門第，家境富裕。她認識我父親時，還是一位學生，而我父親是一位性格熱烈、四處漂泊的軍人。我的外祖父不同意這樁婚事，於是，我的母親就與父親私奔異鄉。

這對小夫妻在異鄉結婚生子，可是在一起踏實過日子的時間並不長，一九三七年對日抗戰開始，八年後才結束，但緊接著，已經滿目瘡痍的中國又開始了內戰。

我的父母注定了只是大時代中的小人物，只能跟隨時代命運漂泊。我的父親是空軍，跟隨空軍到了很多地方。

當戰爭進行到第三年的時候，我的母親在廣西桂林生下了她的第二個兒子，也就是我。從出生開始，我就在一個戰亂的環境中成長。我的家庭和當時其他中國家庭一樣，缺少衣食、顛沛流離。我出生在桂林的七星岩，又在貴州的獨山、成都和南京居住過，最後定居台灣。這些都在我童年時期發生，可以說，我是在一次次搬家和逃難中長大的。

我還記得，逃難時我們坐過火車和船，也曾一家人擠在小小的擺渡扁舟上。搬動如此頻繁，以至於我在進入學齡後的兩年裡，光是小學大概就念了十個。正因如此，我很早就接受外界環境的變化及隨時可能發生的最壞情況。儘管當時年幼的我並不知道，但回頭來看，這些經歷對我未來漫長的生命已經埋下種種影響。

但我的童年卻少有悲傷的記憶，可能是因為年幼的孩子記憶不深，而且我們的家庭相對穩定，父母都盡力保護我們。

一九四五年，我已經五歲時，抗戰勝利，生活好像安穩了一些。那時，我們全家住在貴州，家裡已有四個兄弟。父親在空軍基地當電台台長，我們的生活衣食不缺。好客的父母開始常常邀請親朋好友到家裡來一起打麻將、聊天、喝酒。父母對我們是完全放任，因此我從小就非常獨立。我家的孩子可以在外面玩到很晚，調皮搗蛋或是騎腳踏車摔得頭破血流，父母都不會責備我們，他們從不限制我們的行為，也從沒要求我們做功課。

一個人的天性在幼年時往往就會顯露出來，當年的貴州全是原始林區，滿山田野、罕無人煙，我童年最愛的是整天在田野、山坡、池塘奔跑，我常覺得自己好像是大自然的一部分。

當然，這種生活充滿風險，我在荒郊野外被一隻鵝咬過，將自己燒傷過，甚至被車撞過，但每次都化險為夷。成長過程中的這些奇妙際遇，慢慢養成我喜歡冒險、凡事大膽嘗試的個性。

到我現在已經七十多歲再回頭看，我在漫長人生中顯露出的輕鬆、恣意、無拘無束的個性，就與這幾年的田野生活有關。我相信與大自然接觸對一個人一生有重大的影響。我常常覺得自己有很多的創意與辦法，都是來自於那段與大自然親近的時光。我也相信，我成年後總是渴望並且不斷嘗試擺脫束縛，也與我從小就能暢快奔跑的自由狀態有關。

另一方面，在戰亂的年代，大時代兒女所經歷的過程，也許現在的人再也無法想像。我在南京念小學時，有一天，在文具行看到一盒水彩，售價是一塊錢金元券。幾天後，等我拿著錢再回文具行看，這盒水彩已經變成三塊錢。我才六歲，就了解通貨膨脹的壓力與可怕。

到了我八歲時，我們全家有一段時間暫住在上海的姨媽家，姨媽非常富有，住在巨大的別墅裡，房間富麗堂皇，門前停著汽車，屋外是寬大的花園。但是，當我們從別墅出門去玩耍時，就會時常看見被遺棄在水溝邊的棄嬰，他們的父母無力養活他們。我接觸到了生命的脆弱，也體會到社會巨大的貧富差距，這些經驗讓我早熟、懂事很多。

接著是再一次的搬家，搬到更遠的地方，一九四九年，一百多萬國民黨軍隊及家屬帶著不同的鄉音和記憶，渡海來到台灣，我的家庭是其中微不足道的一部分。從上海出發，我們坐了三天三夜的船在基隆港上岸。此後半個世紀，我們再也沒有回到大陸。

在台灣，我開始了另一段生活。

遭遇升學挫折

我們住在政府為了安置軍隊而興建的眷村，由於房屋極其簡陋，是以茅草和竹子為主要材料，因此眷村又被稱為「竹籬笆」。颱風、大雨能讓房子東倒西歪、四處漏水。冬天則是寒風刺骨，睡覺時，我們家幾兄弟擠在一起，互相取暖。

眷村裡面沒什麼隱私，大人互相串門子，小孩則是一天到晚膩在一起玩耍。這些窮困、

黑幼龍與母親

潦倒、顛沛流離但不乏歡樂的生活經驗，能夠幫助我們很快適應環境，並且甘之如飴。這樣的生活賦予我們旺盛的生存能力，在我家幾兄弟未來幾十年的生活裡，不知道遇到多少挫折，但即便跌到谷底，最後也能自己站起來。

我的父親是位很嚴肅、很大男人主義的人，他從來不碰家務事，但他也非常正直、誠實。他喜歡打麻將，還教我們打，我們兄弟姊妹全都是他的牌搭子。

我母親是很感性的女人，她經常鼓勵小孩，給小孩寫信。嚴厲的父親，感性的母親，給了我非常有趣的成長環境。直到小學畢業時，我第一次遇到人生中的重大挫折。

一九五二年的夏天，蟬在樹枝上鳴叫，我一路走去參加小學升初中的考試。我很快寫完考卷，第一個交出去。然後我又在蟬聲中走路到植物園，買了一碗關東煮吃，過了中午再回來繼續考下午的試。我一點都不知道這次考試有多重要，父母也沒陪我去考場。

結果當然名落孫山。我遇上台灣實行第一屆初中聯考制度，而我在落榜後才明白問題的嚴重性，這場考試居然能一試定終生，如果落榜，我只能成為一個什麼學校都不要的「壞孩子」。我這個十二歲的小孩子那時候才感覺到害怕，於是便獨自一個人摸著找路，到當時仍然偏遠的樹林、文山等允許獨立招生的學校去報考，希望有轉機，但結果還是沒有考取。

最後，我進了農校，一所沒有人要念的學校。忽然間，我變成一個沒有人要的小孩，在家裡抬不起頭來。親戚朋友問我念什麼學校，家人都不好意思講。而當時那個十二歲的孩子所不知道的是，自己的好日子已經結束，接下來我的性格和自信將因此完全改變。

進入初中後，有些老師的體罰、責罵傷到了我的自尊，所以我非常不喜歡讀書。因為在很差的中學沒有升學壓力，我看很多小說，寫文章投稿，參加演講比賽，還天天打球。

最重要的是，我還有很多時間到教堂去聽道理、望彌撒，成為有宗教信仰的人。這些對我而言，都是很寶貴的經歷，這一點到我四十歲以後看得更加清楚。但在當時，這些事情不能改變我在社會中的走向，或者說，它們要在很久以後才會開始影響我的生活。

接著是更糟糕的狀況，我初中畢業了，根本不可能考上高中，只有念農校高中。好不容易念完高一，我的數學不及格，因此被留級。父親聽到這個消息後暴怒，覺得這是奇恥大辱。

在走投無路的情況下，我轉考軍校。當時的軍人社會地位很低，由於待遇太低，似乎看不到未來。

我在後來看見研究眷村文化的文章說，眷村子弟在台灣以「外省人」的心態在那一片小天地封閉地生活著，到了二十世紀七〇年代，他們開始出現分化：一部分人在父母望子成龍的教育下，考上了大學；一部分人成績不好，選擇了軍旅生涯；還有一部分人加入黑道。

而我的變化，事後看起來基本上沒有脫離這樣的軌跡，這也許就是所謂環境或命運的安排吧。

我十七歲的那一年夏天，某個清晨，天色一片漆黑，我和父親坐上三輪車，從眷村趕往火車站，準備坐第一班往屏東的慢車，到屏東東港的空軍預備學校報到。

不到六點，火車站已擠滿了人，這時一下子進來二十幾個人，全都是光頭，看起來有些兇惡，我問父親：「這些是什麼人？」父親回答說：「他們是犯人。」我這才發現他們全都戴著手銬腳鐐。父親繼續淡淡地說：「以後你還會看到很多這樣的人。」前方沒有鮮花與憧憬，這樣的畫面，交織著對未來的恐懼和離家的複雜情緒，成了我對於離家的印象。

進入軍校後，我又遇到了問題，我的成績很差，大概排在全班倒數十名之內，對數學、微積分、物理更是一竅不通，而這些卻是我的主修——電子——方面的基礎科目。勉強度日如年地混畢了業，一九五九年底，十九歲的我從空軍通訊電子學校畢業，被分派到桃園空軍基地雷達站，同齡的人也許剛剛邁入大學的門檻，享受自己的青春，而我則要開始工作。

報到那一天，寒風瑟瑟。空軍機場離海邊不遠，走進那黃沙滾滾的地方，我意識到自己必須長大了，從此要開始闖蕩人生，覺得孤單又恐懼。

在軍中的頭五年，我一開始就是讓長官頭大的「天兵」，我對電子機械實在沒興趣。老兵教我，我學得慢又容易忘，搞得我緊張兮兮的，老兵也很無奈。我做著修雷達、修機器的工作，感覺好像是在熬日子。我好像一條沉船，待在泥沙淤積的河底，無法開口呼吸。我所有年輕的精力、希望都無處寄託。

「神父，我的發音對嗎？」在這樣的情況下，有空的時候，我去教堂，向神父學習英語。這個愛好讓我找到一點生活的樂趣。我向神父學，與基地附近駐紮的美軍鍛鍊口語。只有花在學習語言上的時間，再多我也不覺得累。

有時候我在想，人的興趣真能救他脫離苦海。我小學時功課不好，但作文卻不錯，老師很喜歡我的作文，常在全班同學面前稱讚我。後來，雖然我考初中時考得亂七八糟，勉強念農校也念得很差，人生似乎一無是處。但唯一覺得自己還有那麼一點可取的，就是作文和演講。我每年都參加演講比賽，所有的冠軍都被我拿走了。

現在，這個安慰轉到了學習語言上。

我的兩個興趣，後來真的成了支撐我人生的力量。

赴美受訓與隨之而來的改變

一九六四年初，我二十四歲，我已經修了五年的雷達和機器。這一年，我參加公費留學

黑幼龍以軍職公費赴美受訓

的考試，因為英文好，竟然考取了，可以以空軍中尉軍官身分到美國密西西比州空軍通信電子學校受訓。四十幾年前，能出國留學是光宗耀祖的大事。接下來，我的人生發生難以置信的變化。

幾十年後，我看見阿里巴巴的創始人兼總裁馬雲告訴大家，自己從小的功課很不好，數學只考一分。但是英語特別好。他在英語上投入了非常多的精力與時間。後來正是憑藉英文的優勢做起了對外貿易，才取得事業上的成功。

當然，我不是提倡大家都可以數學成績不好。而是想說，在很多成功的人身上，你都可以發現一個寶貴的事實：興趣才是最重要的發展力量。

那一年出國時，大家在松山機場為我送行，那時，我穿著挺拔的空軍制服，有父母和同事、親友十幾個人來。媽媽拉著我的手說：「我當初擔心你一輩子無所事事混日子。現在，這一切都過去了。」我聽到這段話，眼眶都紅了。我登上了飛機，告別台灣和上一段人生。

在美國校園裡，受訓的同學是世界各國的科技軍官，我非常高興能與他們相處，但我仍然不喜歡電子通訊。後來的情況證明，一個人會往哪個方向發展，真是擋也擋不住。

有一天，一起在美國受訓的台灣同事對我說，「我們一起去參加獅子會的活動吧，」他補充道：「有免費大餐哦。」為了這頓免費大餐，我欣然前往。誰知到了餐廳，才知道參與者必須上台講些話，全程用英文表達。

當時，我措手不及，硬著頭皮上台去，大膽發表了有生以來第一次英文演講。我從會議現場的萬國旗，講到台灣的國旗、台灣人的奮鬥……沒有想到，我說完時，大家回報我熱烈的掌聲。事後，邀請單位寫信到台灣，讚揚我表現優異，空軍總部把信交給《中央日報》發表，那是我第一次被媒體報導，真是興奮得不得了。

不久，又有第二次機會，當地扶輪社邀請我去演講，介紹台灣和中華文化。那天，我穿著筆挺的軍服，做了充分的準備。他們顯然很喜歡我的表達，演講結束，來賓全體起立鼓掌，熱情的掌聲持續很久，感覺好像一場夢，我彷彿站在雲端飄飄然。

這兩次演講成功，讓我的自信心增加了。不過，除了我內心的喜悅，事情看似沒有明顯的變化，在美國一年後，我回到台灣，被分配到屏東基地的電子廠工作，回到以前的生活環境，回到十多個人合住一大間的鐵皮屋，回到讓我完全沒有興趣的修理雷達的工作。

我的婚姻

回到台灣後，我的生活圈開闊了一些。一九六六年，我參加了在輔仁大學舉辦的大專同學夏令營活動，在這個夏令營上，我見到台灣大學藥學系大四的學生李百齡，她是個美麗的女生。我看見這個女生後，就很想接近她、想了解她。

我也在李百齡心中留下了印象，在那次活動中，各組都要表演節目，很多年後李百齡回憶說：「黑幼龍當時是他們那組的策劃和靈魂人物，他帶的表演有趣又精采，那時候我就覺得：『哇！這個人怎麼那麼了不起，會做這麼多我不會做的事情。』」

後來，我們戀愛了。

我那時候只是一個前途未卜的小中尉，一個月薪水只有三百元，而且只有軍校的學歷，無論積蓄、資產、社會地位都很寒酸。而李百齡卻是台灣最好大學的高材生，各方面都很優秀。所以，起初她父母不太贊成我們交往。可是我始終抱著希望。半年後，李百齡成為我的太太。在那個年代，這種門戶懸殊的婚姻能成功，是很不容易的。這是我的幸運。

新婚的日子很甜蜜，但並沒有持續太久，我們結婚第一年就生下第一個小孩，第二年有了第二個。此後，我們深深感到貧窮帶來的困頓。

孩子都是我和百齡一手帶大的。孩子們小時候，我們每天一大早把小孩送到托兒所，然後去上班，百齡當時在衛生署工作。回來的路上我會帶些菜，到家後我們中的一個人做飯，另一個就開始洗尿布。晚上小孩都睡了，我們就開始晾尿布、摺尿布，遇到下雨天還要用電熱箱烤尿布，常常弄到深夜。

有一天，孩子們生病了，額頭滾燙，我和百齡趕緊抱著他們去診所看病。當時，天空下著小雨，我們一路走到診所，途經一間當鋪，把我們的首飾戒指、金鎖片都賣了，才有足夠的醫藥費。

由於經濟狀況如此之差，以至於有一段時間，我們只能跟房東分租一個房間，四個人睡在一張大床上，角落擺一張書桌，讓我晚上可以加班翻譯賺稿費。我們跟房東共用浴室，

黑幼龍與李百齡新婚

因為要洗太多尿布，房東常常抱怨，而我們則忍氣吞聲。

但即便是這樣困難的生活，我們也沒有感到特別沮喪或者氣餒。記得那時候，深夜我們洗完尿布，孩子們都睡了，然後就是我倆促膝交談的時光，我們天南地北地聊天，真是苦中作樂。但也正因如此，我們才能甘之如飴地把日子過下去。

那時候，我哪裡知道，這樣的日子，其實就是我們對孩子們「慢養」故事的開始，在二、三十年後，我們才知道命運為何如此安排。

除了工作與照顧家庭，我幾乎所有的時間都在翻譯英文書籍，艱苦而熱烈地投入其中。

結婚三年後，我的生活發生了很大的改變，那一年，我考取了軍中的聯絡官，負責口譯跟筆譯工作，我很幸運地被指定負責對外賓做簡報。過去的苦悶日子終於結束。

四十年前，英文能力強還是很稀罕的事，尤其是在高級官員間即席翻譯，更是相當榮耀。因此，還不到三十歲，我就升為少校，常常在重要會議中擔任翻譯工作，有時候，我的左手邊坐著台灣的空軍總司令，右手邊坐著美軍的四星上將。跟著高級長官出差，更是常有的事。我見過很多將軍，也在蔣中正先生主持的軍事會議中進行翻譯。

過去我常覺得自己是個失敗者，好像是一個逃避者，而從那時候開始，我逐漸覺得自己是個有價值的人。這種感覺很好。

一九七二年，台灣正處於從農業經濟轉向工業經濟的時期，經濟快速成長，在接下來的十幾年裡，創造出「台灣經濟奇蹟」。我在軍中也感受到社會物質面的發展，以及賺錢的壓力。這一年，我也處於變化的開始，我結束長達十三年的穩定生活，從軍中退伍。

我三十二歲，許多像我這樣從軍隊退伍的人，多半到電子公司工作。不過，我有更多選擇。由於過去接觸過美國休斯飛機公司，並且一直以書信保持聯絡，退伍後，休斯公司邀請我加入。「如果加入，我的月薪會是三萬元呢！」我告訴百齡，她聽了也很高興，那時候，大學畢業生的月薪大約是兩、三千元。

黑幼龍（最左側）在休斯飛機公司工作

對於家庭經濟情況改善的渴望將就業問題變得非常簡單：我立刻加入了這家待遇優厚的外商企業。我是當時少數只有軍校學歷，而能進入外商公司的人。隔年，我的第四個孩子出生了。

我們一家人辛苦了這麼多年，我總算有辦法改善生活條件了，工作第二年的時候，我們甚至還有了當時台灣人少有的汽車。我在休斯飛機公司的台灣代理商上班，一年後休斯成立台灣辦事處，我順理成章當上第一任經理。每天去設在大飯店裡的辦事處工作。

但是，這份工作並沒有讓我感到快樂。進入這家企業有點像是走回頭路，回到我不感興趣的電子技術領域，又要做業務，在享受高待遇的同時，我心裡真像是被針刺一樣難過。

我並不是時時刻刻有機會把握理想，有時候也會為了待遇向現實低頭。那段工作期間，我也見識到外商公司的嚴苛與現實。為了搶業績、爭表現，部門間的競爭不擇手段，彼此惡鬥，人與人之間無法互相信任。

一九七六年，休斯提供出國工作的機會，讓我們全家人能到美國兩年。這是我第二次到美國生活一段時間，但這一次並不那麼稱心如意。當我到了美國總公司工作時，我發現在外商公司工作的台灣工程師，他們技術優秀、工作認真，但幾乎在職場上都無法晉升，也沒有歸屬感。我失去了英文優勢，在公司裡顯得可有可無。

這份工作我做得很痛苦，以至於好幾次下定決心不幹。不過，我放不下高薪的誘惑與好不容易得來的穩定生活，就這樣掙扎了七年。

不知不覺，人就到了中年。

加入光啟社

一九八〇年九月，天氣還有夏季的溫暖，秋季的雨水已經開始在台灣駐留。在這個普通的夏末，我遇到了我的朋友，光啟社社長丁松筠神父。我與他曾經合譯過一本書，彼此非常投緣。

「能邀請你來光啟社擔任副社長嗎？」丁松筠神父問我。「我想一想，」我們談了很多關於光啟社的工作情況之後，我這樣回答丁神父。

我對傳播工作有很大的興趣，但也有巨大的疑慮，我對光啟社節目製作或招攬業務等作業都一無所知，這些新東西讓我感到陌生、害怕。光啟社的薪水不到我在外商公司的二分之一。中年轉入陌生行業，這在當時的社會是有點不可思議的事情。

「四十歲了，家裡有四個孩子，我要不要轉行呢？」我對此非常猶豫。接著我問自己：「如果我入行，到底有沒有能力做好呢？」對這兩個問題，我思考了三個月，還是沒有答案。

三個月後的一天傍晚，我們全家到公園散步，然後圍在噴水池旁坐下，時有晚風吹過。我請全家人發言，談談他們對我去光啟社的想法，讀幼稚園大班的小兒子也要說話。多

黑幼龍與丁松筠神父

年後我問他是否還記得當年噴水池旁的家庭會議，他回答：「記憶深刻。」很奇怪地，那次家庭會議的結果是，百齡與四個小孩全都贊成我加入光啟社。

於是我下定決心，來到了光啟社，開始做我從來沒有做過的事情，開始我從未經歷過的生活。

一九八一年秋季的某一天，我和丁神父到台灣電視台拜訪節目部經理李聖文先生。

偶然間，他提到曾經看過介紹武器科技的影片，覺得很好看。我在軍中待了很多年，又在休斯飛機工作過，武器是我很熟悉的題目，我饒有興致地和他聊起武器，並且告訴他：「我收藏了很多這方面的影片呢」。「如果影片資料夠豐富，不如將武器介紹內容製作成節目？」李聖文先生提議說。

於是，我回到光啟社就開始著手規劃節目大綱、內容、主持人選，不久就推出了我們的節目《新武器大觀》，由我和沈春華一起搭檔主持，沈春華當時是輔大四年級的學生，陪學姐來試鏡偶然入選，這是她主持的第一檔節目。後來，她留在電視行業，成為拿金鐘獎最多次的節目主持人。

作為一個從小數學成績不好的孩子，我在節目中很少提及數字，不太談論飛彈長度多長、重量多重、射程多遠，而是介紹更多人文的內涵，我也不會照本宣科念台詞，倒是常常引述歷史背景或對社會的影響，比如提起戰爭對勝利者的懲罰比對戰敗者還要重，因為勝利者從此相信戰爭是解決之道，於是更加好武，帶給人民許多災難。

這個節目播出之後，非常受歡迎，台灣當時的電視節目大部分是連續劇與綜藝節目，《新武器大觀》這種類型的節目還是首創，很多知識分子都在收看。隨著節目一炮而紅，我也突然變成了大家都認識的公眾人物。連我遇到當時的新聞局長宋楚瑜，他也告訴我，他的兒子是我的忠實觀眾。

節目持續做了兩年，不斷有人來請我演講，特別是來自大學的邀約。

黑幼龍與沈春華共同主持《新武器大觀》

我後來還製作出了幾個在全台灣反應非常好的節目。我有幸參與光啟社的全盛時期，光啟社成為了台灣少見的節目製作中心。林福地導演跟我們合作的《舊情綿綿》、《星星知我心》等戲劇節目，在當時很轟動，另外還有兒童節目《妙博士》等也很受歡迎。那時候，很多明星到光啟社的錄影棚來製作節目，像張小燕、恬妞等人，都常常到光啟社來做客。崔苔菁到光啟社來最喜歡到處叫：「丁神父、丁神父」，神父聽到了直搖頭。

當然，我在光啟社也遇到過很多困難，諸如有過一段不被人接受的時期，也有過業務被人嘲笑的經歷，我們做《新武器大觀》的收入也不高。但回憶起來，這是我人生當中一段美好的時光。我一路走來，經歷了人生這麼多的顛簸與曲折，直到此時，我才了解了「自我實現」的定義：一個人做的工作能夠發揮自己的興趣、專長與價值觀。

後來，光啟社換了社長，他的專業能力很強，但是採用中央集權的管理模式，我這副社長幾乎沒事做。我不願意浪費人生、白拿薪水，於是就離開了。

重返校園

一九八二年，我四十三歲，離開了光啟社，暫時沒有工作，也不知道自己未來會從事何種職業。但是和以往任何一次面臨這種情況一樣，我的沮喪與失落，總會更快被某種興致勃勃的衝勁所代替。這種衝勁來自於我的血液，來自於童年的田野，來自於青少年時的作文課本，來自於我的家庭，來自我心中。

四十三歲也許是一些人退休的年齡，我的衝勁卻從體內躥出來，它躍躍欲試地給了我一個選擇：出國讀書。

我在四十歲之後，開始能偶爾越過眼前的現實去看待自己的生命，我能感受到自己人生的輪廓，就像山巒一樣有高有低。我開始看到，過去那些坎坷而雜亂無章的軌跡，實際上在遠觀時呈現出節律，這是人生的起伏變化。逐漸的，我心裡對生存的焦慮與緊迫開始降低，而體會到歲月與心智所帶來的舒緩感受。

在這種舒緩中，我能看到當年那個在十二歲暑假滑出人生正軌的小孩，他心中有一個遺憾，沒有經歷過真正的校園生活。他一直有個夢想，希望再回到校園，徜徉於綠色草地間，和師長討論學問。

在經過了三十年後，不惑之年裡，我決定讓那個小孩子不再遺憾，我決定再一次回到課堂讀書。

在丁神父的推薦下，我進入美國羅耀拉大學攻讀傳播教育碩士，成了班級裡最老的學生，而且還帶著四個小孩。

進入學校後，在年輕的同學們中，我的壓力很大。但是，校園的樂趣很快就減緩了這種壓力。

我貪婪地埋頭念書，我跟教授、同學討論各式各樣的問題，我更確定自己的水準不僅不比他們差，甚至有些地方更好。

「你的成績是多少？」一天，教育學考試結束後，我的美國同學問我。

「我是A，你呢？」我回答。

「我是B，」我的同學非常不好意思地說。

「這次考試全是申論題，要用英文寫出這麼多深刻的論點，你是外國人，卻考得比我們還要好，」我的同學輕聲地說。

我笑了笑。

我曾被「分數論」打敗，以為自己是個處處不如人的孩子，即便成年後工作上有所作為，但心裡還是對學習成績仍有很大的遺憾。但從那一刻開始，分數對我再也不重要了。所有過去因為讀書不好而備受打擊的自信，在那時候完全恢復了。

九月的一天，一個晴朗的午後，我像許多美國學生一樣，優閒地在草地上曬太陽、看書。遠方走過來一個穿著比基尼的年輕女學生，緊接著，我發現她的對面，一位罩著黑袍、全身裹得密不透風的修女正與她相望而行。當她們相遇時，她們停下來，互相擁抱、聊天，再繼續往各自的方向前進。

我深感驚訝：兩個那麼不同的人，能尊重對方的觀念、行為。修女既沒有認為這個學生太暴露、隨便，學生也不覺得修女太陳腐、守舊。

開闊視野、拋卻簡單的是非觀等等，都是我中年回到校園後在成績以外的收穫。

一九八四年，我在美國念完傳播學的碩士，回到台灣。

此時，我還未能與合適我的工作相遇。在此之前，我還要經歷兩個工作，第一份是擔任宏碁電腦副總經理，負責拓展國際業務，然後辭職；第二份是競選立法委員，然後落選。它們花了我兩年的時間。

在我真正找到我希望從事的職業之前，一切都像是伏筆。

初識卡內基

一九八五年，在美國洛杉磯，寒冷的冬天過去了一半，而春日未至。時為下午，我與百齡待在室內，從窗戶外透進零星的陽光，百齡坐在沙發上閱讀報紙，我在看書。

突然，她對我喊說：「你看，這是你一直想做的。」一邊說，她一邊抖動著手裡的報紙。

「是什麼？我看看，」我邊說邊接過報紙。在這份《世界日報》裡，有一篇文章敘述了底特律卡內基訓練推動的情況。報導說，當地的三大汽車公司都採用卡內基訓練作為訓練經理人才的課程，且因非常人性化而顯得有效。

看完後，我也覺得很激動，好像被魔術棒敲到一樣，頓時冒出火花。這種看到報導對一種工作「一見鍾情」的情況，我猜在別的家庭非常少見，但百齡卻「天真」地提了出來。她好像還滿了解自己的老伴。而我也立刻接受了。

幾天後，我們已經從電話簿上找到洛杉磯卡內基訓練的聯繫方式，透過這裡得到紐約總部一位奧利佛・克羅姆的電話號碼。我打了過去。

「我是台灣來的，我們對卡內基訓練很感興趣，想引進台灣。」接通以後，我對他說。

「這不行，我們不是加盟店，不賣執照。」他生硬地回答說。

「我可以做些什麼呢？」我問道。

「我們對台灣很多做法都不認同。」他說道，口氣冷淡得我彷彿能看見電話那頭的他在搖頭。

「哪些事情？」我問。

「你們常常侵犯著作權，對版權、商標都不太尊重。」他回答，然後很快掛斷了電話。

這次對話讓我覺得有些失意和沮喪，不過這並不妨礙我幾天後第二次打電話給他，還是關於上次的問題。

電話那頭卻傳來一個親切的聲音，與上次的冷淡相比，讓人驚訝。

我乘機問道：「我來拜會你好不好？」

「可以，歡迎你來，我們在紐約長島。」回答的聲音顯得熱情。

掛下電話，我和百齡訂了最便宜的紅眼班機，幾天後我們就抵達紐約長島。長島有很多海濱別墅以及長島葡萄酒，但我們不知道它是否能夠產出希望。

卡內基機構總部並不起眼，它已經在此地至少矗立了五十年，當年卡內基先生就在此講課。但我無意欣賞這些，而是很快來到了奧利佛・克羅姆的辦公室，直到此時，我才知道他就是卡內基機構的總裁。

我們的會面大概二十分鐘，在這場簡短的談話中，他告訴我，他們已經進行了背景調查，知道台灣剛剛通過著作權法，所以，可以考慮在台灣設立加盟區——這正是他第二次在電話中對我熱情的原因。同時，他也告訴我，對於我的要求，他們還要考慮。

當時，我坐在會議室裡，看著窗外紐約的天空飄著雪，我從那麼遠的地方，坐著紅眼航班飛到陌生的紐約，就為了追逐一個毫不清晰的目標。我不知道以後我會做什麼，前方的路就如同被雪覆蓋的長島街頭一樣白茫茫。此情此景，到現在我還沒忘掉。

冬季很快過去，第二個冬季也很快就到了。時間來到一九八七年初，我當時在宏碁公司擔任副總經理。我繼續與美國卡內基訓練機構聯絡，但仍然沒有任何具體的答覆。記得當時我有很大的挫折感。

直到那個平常的上午，我的電話響了，接起電話，對方是卡內基訓練機構的工作人員，他在越洋電話的那頭對我說：「我們完成了徵信工作，你在台灣很有知名度，是一個備受尊敬的人。現在，請你和我們委託的律師聯絡，辦理卡內基訓練在台灣申請商標、登記註冊等事宜。」

兩年多的等候突然之間有了結果。我目瞪口呆，幾乎忘了欣喜。

再識卡內基

接下來並不那麼順利。相反的，我陷入了新的天人交戰之中。新的事業很冒險，首先，卡內基剛剛公布了新的規定，經營者必須投入全部時間，不能兼職；其次，卡內基要求加盟者赴美受訓一年，所有費用要自行承擔。

一九八六年，我四十六歲，是一家大企業的副總經理，這家企業前途無量；是一個有四個孩子的家長，他們需要安穩的環境成長；是一個擁有穩定與美滿家庭生活的中年男人，而且我很享受這樣的家庭生活。事情非常明顯：這不是一般人創業的年齡，而是享受幾十年奮鬥果實的階段。

一邊是夢寐以求的機會，另一邊則是穩定無憂的生活，我在中間猶疑不決：我真的要完全打亂這一切，帶著全家人和我一起冒險，從頭開始嗎？如果創業失敗，年近半百的人還能做什麼？

社會上有所謂的「主流」看法，它告訴我們，要上好大學、要買房、結婚，獲得金錢、地位、成功……

我也曾經非常在意這些標準，但是，現在我已經四十六歲了，我至少可以放棄外在的標準來進行判斷。我從一個被放棄、失去自尊的學生，到軍中十三年的苦日子、到半途改行去光啟社奮鬥，每一個辛酸的腳步，不都是為了做自己所愛的事情嗎？

每有重大決策的時候，奇怪的是，那個童年在貴州山區整天奔跑玩耍的小孩子又會出現在我身邊，他推動我去欣賞生命中值得欣賞的東西：奔跑、大自然或者心中的願望。最重大的決策，往往並非憑藉理性的判斷，而是依靠信念與直覺，於是，我決定辭職去做卡內基訓練，投身夢想之中。

做出決定後，我接著面對兩個顯而易見的現實難題：第一，當時台灣的經濟環境相對封閉，實施外匯管制，如果未來的公司要將權利金匯到美國，除非得到投資審議會批准，成為合法的技術合作案，否則無法進行，但是政府比較希望能引進高科技產業，當時還沒有教育訓練機構通過核准；第二，課程費用是令人吃驚的兩萬元高價，台灣人會願意來接受這種訓練嗎？

對於第一個，也是最難的問題，我找到了投資審議會的名單，決定與每個人溝通，經濟部次長、外匯局副局長、經建會副處長等等。其中，有一部分人立即認同，也有的反應冷淡。我抱著不管機會多渺茫，我能做的盡量去做的想法，勉力而行。

一九八七年四月，我拿到了一個令人欣慰的結果：投審會核准了我們的要求。因此，在繁花盛開的春天之時，我辭去宏碁副總經理的職務，收拾行李，帶著全家遷往美國聖地牙哥，接受一年期的卡內基訓練。

最初我參加的是卡內基基礎訓練課程，在課堂上，我和其他同學——他們普遍比我歲

一九八七年，黑幼龍於美國卡內基總部

數小很多——一次次地用卡內基的方式練習一些簡單而有效的原則，比如「常常微笑」、「不要批評」，直到它們成為自己的習慣。

當基礎訓練快結束時，我接到通知要到紐約總公司去見習。在這裡，有一個寫著我名字John Hei的接機牌，機場外一輛加長型禮車，裡面掛著像聖誕樹一樣一閃一閃的小燈，以及卡內基夫人準備的晚宴，在等著我。

接著，我開始擔任助教，直到獲得了卡內基訓練的講師資格。我慶幸我在近五十歲還有足夠充沛的學習能力與精力，讓我有能力開始全新的事情。

一九八七年十月，我的訓練結束，取

得了講師資格。這一年來，一步步的努力，讓我獲得了創業所需的全部資格。然後，我從美國啟程飛回台灣。

記得剛抵達台灣時，我並沒有創業的萬般興奮，反而有一種不知從何開始的感覺。這種感覺就好像一個人在巴士站下了車以後，車站的人都走光了，孤單單一個人在站牌下想著，到底該換哪一班車，要到哪裡去？

四十七歲創業

百齡先我一個月從美國回了台灣，她做了一件對我來說非常重要的事情：租了辦公場地。我向自己的弟弟、妹妹借了三百萬元當作創業資金。

於是，我的創業之路從裝修開始，我們有一個月時間，睡在正在裝修的房間地板上，一個吹氣床墊、幾張最便宜的桌椅，就是我們全部家具，真是難以形容當時的窘境。

我和百齡討論到一件很重要的事情。百齡問我：「授課教材，要用中文還是英文的？」

「我想過了，英文的，因為外商公司的預算比較多，有能力購買這個訓練課程，而且，訓練內容那麼多，翻譯成中文可是浩大的工程呢。」我回答。

「好的，既然如此，我們一次多訂購些教材，可以節省運費，」百齡建議。於是，我們決定用英文教材，我一次向總部訂購了很多。

一九八七年十月下旬，我們的教材已經運抵海關，再過幾天，等報關手續結束，就可以拿到教材。這意味著我們可以開始開班授課，我們滿心期待。

那一年十月令很多台灣人難忘，因為琳恩颱風來襲，伴隨著大雨，台北地區嚴重水患。我們很擔心教材的情況，這時候，報關行打來電話：「黑先生，對不起，松山淹大水，你們所有的教材統統泡湯了。」

這簡直是晴天霹靂。但是我沒有時間去沮喪，就像是本能反應一樣，我馬上著手另起爐灶。

再訂購教材曠日廢時，我開始把教材翻譯成中文。那段時間，我把自己關在辦公室裡做這件事情，如果有人前來拜訪，也許會看見我正像個瘋子一樣，一邊演練英文教學，將其中涉及的動作和練習用中文讀出來，並且調整為台灣慣用的例子，一邊修改為中文。我的大兒子也來幫我，有些教材是由我口述，他幫忙整理成中文。

這套教材改好後，卡內基開始上課。沒想到，中文授課使得卡內基訓練在台灣很快就被接受。這種訓練包含情緒、感受、自信的互動，母語總是比第二語言更能打入人的內心深處。

一九八七年的夏天，有一件重要的事情發生，當時的蔣經國總統發布命令，宣告解除實行了三十八年的戒嚴，開放組黨。解嚴前後最大的差別是民主，報禁、黨禁都不復存在了。

台灣在一九八二到一九八七年期間，經歷了經濟高速成長的時期。這期間，出口金額與出口成長率排在亞洲四小龍之首，經濟成長率排第二。到了一九八七年，這種成長已趨巔峰但也同時出現頹勢，呈現了空前的繁榮。

整體來說，這時候的台灣，處於思想空前開放與經濟繁榮之中。舉目望去，到處是大興土木的工地、大量已經創造財富的中產階級、初試遊行結社的人群。這時候，最容易孕育像「美國夢」一樣的「台灣夢」，以及渴求尋找自我，求得突破的人。

正因為如此，在台灣卡內基訓練的開幕酒會之後，一些媒體對卡內基產生了興趣。全國聯播新聞甚至都報導了卡內基訓練，卡內基訓練立刻廣受注意，一夕之間家喻戶曉。

我在光啟社期間累積出來的知名度，絕對有正面的幫助。有了知名度，大眾比較容易相信。其實台灣有很多類似的企管訓練，但是，社會大眾對卡內基訓練的印象不一樣，我想，我的知名度是很大的影響因素。

在開辦卡內基訓練之初，我們原本擔心報名費太貴，沒有人來上，沒想到報名的人潮爆滿。

報名那天，在卡內基訓練的教室外，我對面前黑壓壓的人群說：「各位，第一班已經額滿，還沒報名的必須上第二班。」話一說完，好幾個人趕快衝出去，並問：「第二班有沒有我的名字？」叫喊聲此起彼落。有人要等半年才能報到名。

我記得初期的卡內基學員裡有許多優秀人才，例如輔大生物系主任陳擎霞、輔大法學院院長戴台馨博士、台大電機系教授張凡人博士，還有寫了好幾本市場行銷廣告方面的專家陳偉航、廣告奇才葉兩傳等人。

節目主持人陳凱倫在他從低潮往上爬的階段參加了卡內基訓練。訓練之後，一次在省政府廣場前主持一個晚會節目時，歌手文章對他說：「陳凱倫，你好像變了，變得很有自信。」陳凱倫就當著大家的面說：「這是卡內基訓練帶來的改變。」

並非所有的學員都是為了向上爬的力量，行銷專家陳偉航在別人眼中已經是成功人士，他和他的太太來參加第二期的卡內基訓練班。當時我是老師，我還記得他的太太畢業發表感言時說了一句話：「如果我現在再結婚，我還是會選擇我現在的先生。」陳偉航坐在後面感動得掉淚，立刻上前熱情地擁抱太太。他後來也在自己《是的，我要成功》這本書中提到卡內基訓練對他的影響。

這些回饋令我非常開心，開辦卡內基訓練後，我看到非常多熱情的學員，他們想從各方面改變自己的生活，讓自己更加成功，也更加幸福。這本身對我就是一種鼓勵。

我突然想起我在一年前做決定的那段難熬時間，我意識到，當我們用心靈決定自己的行為時，美好的人和事物就會接連不斷地出現在自己身邊。幸虧我在四十七歲——多數人認為應該世故、成熟的年齡——聽從了我心靈的召喚，選擇了卡內基訓練。

站穩腳跟

一九八七年，《台灣時報》一位記者打電話給我，要來採訪我，我同意了。於是，她特地從台南趕來。採訪結束後，她告訴我，自己因為聽過卡內基說明會，對這個訓練所傳遞的思想非常認同，所以，她剛剛進入《台灣時報》，就向主管爭取了這次的採訪機會，作為自己記者生涯的第一篇報導。

我們越聊越投機，最後我問眼前這位二十四歲的女記者說：「你願意到卡內基訓練機構工作嗎？」

「我很願意。」這位叫黃德芳的女孩子回答。她的眼神中迸發出年輕人的認真與機靈。於是，我們機構又多了一名員工，她是我們的第五位員工。

在創業的前幾年，我們的員工基本上都是像黃德芳這樣，出於對卡內基訓練的認可而加入團隊的，這種建立在共同價值觀上的默契，無形中大大地增加了我們團隊的戰鬥力。

「我要開始訓練卡內基講師，你可要準備用功了。」有天下課後，我回到辦公室對黃德芳說。「是嗎？」她顯得很驚訝。

「我知道創始人卡內基先生一直是自己授課，堅持了二十五年以後才開始訓練講師。」她解釋說。

黃德芳的疑惑只是我遇到的一種情況，當我向朋友和學生表達了要訓練講師的想法後，短短幾天裡，很多人勸我：「現在的學生都是慕你的名而來，你不教可能會流失很多學生。」也有人說，講師的要求太高，可能一時難以訓練出來。但是，我仍然認為，我們是一個學習與分享的組織，我也相信年輕人的學習能力。

站在辦公室裡，我簡單地回答黃德芳：「是的，但我相信你們能成為好的講師。」黃德芳那天異常高興。

黃德芳大概在努力了一年後，正式成為卡內基講師，她甚至在一年半以後，就為中鋼的高層主管講課，這些主管對她的授課內容都很滿意。

之後的一兩年裡，卡內基訓練在台灣的發展出乎我想像的快，而正是因為我訓練了講師，才能跟上這樣的發展速度。

當時，我們的學生越來越多，除了外商公司、個人，漸漸還有很多台灣機構成為我們的客戶。台灣自從有了國家品質獎以後，每個獲贈國家品質獎的公司，都曾支援很多人來接受卡內基訓練。比如德州儀器公司、中鋼、摩托羅拉，他們的主管都成為卡內基的學員。從這個面向也可以看出，當時台灣的經濟發展有多麼蓬勃。

我當時不停地上課，每個禮拜我至少有三、四個晚上在教課。我不停地訓練講師，我也不停地對外宣傳卡內基訓練。《中國時報》還找我寫「人際溝通」的專欄。卡內基訓練在台灣頓時變得很熱門，甚至有學員遠從高雄、花蓮來上課。

「我們要不要擴展到台北之外開班呢？」一九八八年夏天，百齡、幾位同事和我一起商量。

「現在光是台北的課就多得教不完，」有同事說。

台灣卡內基獲得業績世界第一名，接受總裁頒獎

「是這樣沒錯，可是，還有更多人的家庭生活、工作發展需要卡內基訓練幫忙。」我沉吟道。最後我們一致認為，我們有責任到其他地區開班。

接下來，我開始在台中等地開辦卡內基訓練班。很多時候，教完台中或新竹的課，開車回到家已經半夜兩點了，但是我一點都不覺得累。在無形的社會責任感驅使下，我們幾乎在全台灣各個角落都開過課。在全盛時期，從大都會的台北、桃園、中壢、新竹、高雄、台中，到純樸的苗栗、彰化、雲林、台南、善化，還有世外桃源的屏東、台東、花蓮，卡內基訓練幾乎在全台灣都開過班。

三年後的一九九一年，是台灣卡內

基訓練揚眉吐氣的一年。從那年開始，我們贏得了全球一百五十個加盟區的第一名。到現在，這個榮譽還是屬於我們。無論是卡內基總部、各國朋友，還是我們自己，對這個成績都非常驚喜，誰也沒想到，台灣這麼小的地方，會拿下世界第一。

開辦青少年班

一九九〇年的夏天，我沿著台北的街頭走到辦公室，一路行道樹枝繁葉茂，透出勃勃生機。進入辦公室後，我看見走廊上一位太太在看布告欄，我走上前去問她：「妳對這個訓練感興趣嗎？」

「是的，」這位太太回答，她接著說：「不過，我們都已經定型了，為什麼你不幫小孩訓練？」

接下來的幾個月裡，我一直在想這件事，她說的可能有一些道理。

在一九八八年，我到菲律賓參加卡內基亞太大會，印尼地區的負責人告訴我，他們用卡內基的方法帶領青少年活動，反應很好。

我覺得，卡內基是我可以貢獻社會的方法，青少年的可塑性高，在他們成長的階段就培養出溝通能力，擁有自信、抗壓能力和熱忱，為自己建立人生目標，這對他們以後的發展會有相當大的幫助。我希望透過這種方式，為社會培養更多棟樑。

到了秋天，這件事便不止於理想，我已經思考了各方面，包括講師如何調撥，課程如何設置等現實問題，然後就下了決心，試試開辦青少年教育。當我把這個想法告訴美國總部，他們只是冷淡地回答我：「你可以試辦一、兩次看看。」他們對這類課程沒有信心也是可以理解的，當時我們沒有專門針對青少年的教材以及授課內容，也不知道青少年是否會接受這樣的訓練。

我們第一期青少年訓練班的學員，大多數是參加過卡內基成人班的學員的孩子。中國人的父母跟其他國家的父母不一樣，他們願意為小孩做任何好的事情，能付出多少就付出多少；如果是在美國，青少年班很難辦得起來，美國人認為孩子上了中學就應該打工，自己存學費上大學。

這個決定使得我們在台灣的發展，有了一個新的方向。每年暑假，我們在全台灣各地開辦青少年和大專班。現在，大概一年有一、兩千名中學生、大學生來上課。這些人占了整個卡內基訓練人數的四分之一。

美國卡內基訓練有九五％都是企業派訓或企業內訓。但是在台灣，我們招收不到這麼多的企業學員。我們有六〇％的學員是自費，四〇％的學員是公司付費上課。這自費的六〇％裡，就有很大一部分是青少年班的學員。

一九九八年某月，在卡內基辦公室裡，我請了幾位學員來「演戲」，他們兩兩一對開始演出犯錯的員工和他主管之間的事。

一位學員手裡拿著一頁白紙，上面寫著一位「林先生」遇到的事情：「你是員工林先生，你遲到了，因為你送生病的女兒到醫院。你已經連續三年沒有加薪，而且常常加班……」

他對面，一位學員也拿到了「邵老闆」的劇本，情況恰恰相反：「你面對一位員工林先生，他總是遲到，總是抱怨沒有加薪，對團隊的氛圍影響很大……」

接下來，「林先生」與「邵老闆」開始對話，毫無意外的是，兩位的對話充滿了火藥味，他們大部分開始互相指責，但其中有一對學員中的「邵老闆」選擇了傾聽「林先生」說明情況。

一陣喧鬧過後，我請他們停下來，互相交換故事腳本看看，每個人臉上露出恍然大悟的表情，啊，原來誤會就是這樣子造成的。他們才知道，原來自己只了解事實的一部分。

這個演練是為我將要推出新的領導課程做準備。

卡內基訓練認為，任何訓練要想真正改變人的行為，一定要採用「隔週訓練」的方式，而且需要相當長的受訓時間。如果課程太密集、時間太短，根本沒有時間和機會多多練習，也就無法產生新的行為，更無法養成習慣。

但是，在台灣，一些正在職場全力打拚的企業主管們，常常要面對很多意外的出差和會議，以至於為期三個月的定期課程讓他們望之卻步。還有一些，則在上了幾次課之後不得不半途而廢。

於是，我便想到設計為期兩天的密集課程，為了確保成果，我在現場安排了許多現場參與和角色演練，來達到加深印象的效果。

於是，一套只有兩天的密集訓練教材就被我設計出來了，這課程時間短，再忙的人也抽得出時間來上課，而且，由於採用了角色演練的方法，讓同學們加深了卡內基訓練內容的印象，彌補了時間的不足。

當時美國總公司沒有這樣的訓練方式，也還沒有授權允許各加盟區修改課程內容。不過，當我把修訂的教材課程翻譯成英文，送到美國審查，還是得到了許可。

此後，台灣卡內基訓練推出了兩天密集課程，成為打開卡內基訓練和公司主管們互相接觸的大門。無數的「林先生」和「邵老闆」都覺得效果不錯。

滿懷感謝

一九九六年，時間很快就來到我加盟卡內基訓練的第十個年頭，這一年，我五十七歲。我帶著台灣卡內基訓練的全部同事去美國參加全球卡內基的年會。這次年會在美國亞利桑那州的圖森市召開。作為第一名，我應邀在會上發表英文演講。我還記得，當年我的演講內容是這樣的：

「卡內基訓練在台灣發展的時間剛滿十年，這個十年是我一生中最好的十年。」這的確是事實，有幾個原因：第一，這是我做得最好的一個工作，我們不是拿到世界各加盟區的第一名嗎？第二，這是我做得最不累的一個工作，因為無論是授課、企劃還是演講，每一件事我都很感興趣。第三，這是我做過最有價值的工作，透過這份工作，我可以幫助這麼多人和公司不斷成長。

「我不知道將來還有多少個十年，不過我一定會帶著很大的期望過下半輩子。」

說到這裡，我哽咽了。許多人來跟我擁抱，也有人以為我得了癌症，在演講中感慨生命苦短。其實，如果他們了解我這一生闖過多少關卡、付出多少代價，才有現在的成果，他們就一定能體會到我內心的激動了。

一九九七年發生了亞洲金融風暴，台灣經濟受到的影響在亞洲四小龍中是最小的，但也難免出現了經濟衰退，一些企業陷入低谷。不過，這時候卡內基訓練課程的銷量並沒有大幅滑落。

二〇〇〇年的一天，我和一位企業客戶在聊天，他問我：「你們能去大陸開辦訓練課程嗎？我們在那裡的業務團隊越來越大，希望接受你們的訓練。」

這個建議我已經不是第一次聽見，TCL、飛利浦、康柏（二〇〇一年被惠普公司收購）等企業早就要求我們去大陸舉辦訓練課程。

於是，二〇〇一年我在上海開始了在大陸的第一次卡內基訓練。這時候，我的大兒子黑立言已經加入台灣卡內基訓練，後來有部分大陸卡內基訓練的開拓工作，就是他在進行。他做得不錯。今天，上海、江蘇、浙江、山東的公司都可以請我們去提升他們的生產力。

特別一提，大陸獨生子女一代的青少年，也可以在卡內基訓練中學習溝通及人際關係了。

現今，山東、江蘇、浙江與上海地區都由我負責。他們稱呼我為「華文卡內基訓練之父」，其實，這真的是很多人努力的結果。

同一年，我寫的個人傳記《破局而出》出版了。我從小喜歡寫作，在開辦卡內基訓練後，這個愛好與我的工作得以更加緊密地結合在一起。在書中，我回憶了自己是如何從一位自卑的青年，經歷了坎坷與努力，找到了自信，成為台灣卡內基訓練的推廣者。

這本書剛出版不久時，有一次在一位立法委員的競選講台上，我遇到當時的台北市長馬英九。他輕聲地跟我說，他最近在看我這本書。當時的感覺是，連馬英九也愛看能幫助我們從低潮、挫折中站起來的書。還有一次在機場遇到一位先生，他告訴我說，他在飛行途中一口氣把這本書看完了，而且還要買一百本送給朋友和同事。

在台灣，我們和學員一起度過亞洲金融風暴；接著就是美國九一一事件和伊拉克戰爭，兩岸關係停滯不前，醜聞、貪污層出不窮，但我們都沒有放棄對未來的期望。我還會和他們一起經歷更多。

二〇〇六年，在《天下雜誌》的《影響200》特刊裡，報導了兩百位在過去四百年中，對台灣最有貢獻的人，其中大概只有一半的人還活著，而且只有二十多人出身企業界。我有幸成為其中的一人，主要是卡內基訓練之故。

二〇一二年二月，我在上海舉行為期兩天的卡內基經理人訓練課。課程一結束，我就直接從上海卡內基辦公室趕赴機場，返回台灣。隨行的一位記者朋友問我：「黑老師，你看起來好有活力，你站了兩天，也不停地說了兩天，可還是興致勃勃，一點都不像七十歲的人。」

聽到別人這麼說，我有點沾沾自喜。不過，這應該歸功於我對生命有極大的熱忱，相信自己可以帶給周遭的人更多正面的影響。所以，不管是到全台灣訓練許多企業的中高階主管，還是去各地演講、參加會議，我的心裡總有一把永遠不熄的火，就算因為舟車勞頓覺得疲倦，只要一輪到我上台講話，我總是神采奕奕。

我已經到了退休年齡，事業也有交棒的人選，卻仍不在意旅途辛苦，到處帶訓練和演講，物質所得已經是次要的考慮，最主要的是我有強烈的熱忱，想帶給別人正面的溝通力與領導力。

現在，我七十三歲，儘管我還四處講課，但台灣卡內基訓練的工作，已經由我的兒子黑立言接手。

第三節

黑立言的新開始

立言在美國

我的大兒子黑立言是在我家經濟條件最不好的時候出生，所以，他比其他弟弟妹妹經受的磨難更多一些。

十六歲時，立言開始在炸雞店打工。高中畢業後，他考上了加州大學攻讀經濟學，我們都很為他高興。而學費，則不得不申請清寒獎學金及學生貸款來繳納。

當立言在美國讀大學時，由於我要回到台灣創業，我們全家面臨分開的狀態，我和百齡準備回台灣，立言住校，老二立國剛要進大學，兩個小的則寄住在朋友家打地鋪，整個家有點分崩離析的感覺。對當年二十歲的立言來說，這種不確定的狀況讓他對未來有些茫然，不曉得自己的前途在哪裡。

我回台灣前，到立言宿舍去看他。他告訴我，想把自己的床架高，下面就可以放個椅子或擺一些東西。但要把床架高還要買木材、釘子等材料，敲敲打打半天很麻煩，我那時像爸爸的煩躁個性就發作了，我跟立言說：「哎呀，不要弄了，好好的床幹嘛架高，這麼麻煩。」

「我要把床架高，因為我沒有家！」立言衝口而出回答道。他這句話一說出口，我就不講話了，他也呆住了，我們兩個人都有點懊惱。然後，我們默默地開車去買了材料，把床給弄起來，那種感覺真的很慘。

後來立言的三個弟弟妹妹說，大哥立言的綽號是「Grandpa Gerard」（傑拉德爺爺，Gerard是立言的英文名字），因為每次別的同學想要做點瘋狂的事情時，立言都會勸阻，叫他們自我克制，我想可能也跟這一段獨立成長過程的經驗有關。

當立言大學畢業後，他進入美國安侯建業（KPMG）聯合會計師事務所擔任會計師。但沒過多久，立言發現這份工作枯燥。黑立言決定去報考企管碩士來改變現狀。

但有了這個念頭時，已經是當年的四月，錯過了美國大多數企管研究所的報名截止時間。不過，耶魯大學等少數學校是四月截止。

「下一年再報名吧，」當時立言的同學勸他。立言覺得不應該放棄，立言在美國讀書時，就接受過當地的卡內基訓練，在學校裡還擔任過卡內基訓練中國同學會副會長。他記得卡內基訓練中有一個原則：如果嘗試後失敗的結果大不了和現狀一樣，那麼為什麼不勇於嘗試呢？於是，他還是報名了。

結果幸運真的降臨在立言身上，由於耶魯大學錄取的部分學生因為各種原因沒來報到，所以他就順利地進入耶魯大學攻讀企業管理。

立言加入台灣卡內基訓練

有一年的秋末冬初，我和百齡到耶魯大學去看立言。校園裡，樹葉黃得發亮，陽光透射下來，更顯出勃勃生機。我們三人在校園散步，欣賞石砌城堡式的中古校舍，一直走到高爾夫球場。在那裡看著松鼠和小鹿跑來跑去，我們開始談到一個人的志趣、價值觀、女朋友，還有對未來的展望。

「你未來要做什麼呢？」我便問立言。

「我之前想去哈佛讀博士，其實我已經申請上了，不過，我現在想法改變了。」立言回

黑幼龍與黑立言於台灣卡內基

答。

「那是什麼呢？」我問。

「我知道我自己想幹什麼了，我想回國參加卡內基訓練的工作，」立言肯定地對我們說。

我和百齡當時真是百感交集。我們之後沒有多談回國的細節。那麼美的環境，那麼美的氣氛，那麼美的心靈交流，此時無聲勝有聲啊。

立言畢業後果然回到台灣，參加了卡內基工作。我們在中國大陸開辦卡內基訓練的任務，最初是我帶著立言完成，後來他就可以承擔很大一部分了。

一九九七年，雀巢北京公司請我們去辦訓練，當時共有兩百人參加。那是我們第一次到中國大陸辦訓練，當時威權式的領導還是主流，所以有不少人勸我們不要講授太多激勵、讚美的內容。不過，我們還是按照卡內基課程的基本內容講課，沒想到反應很好。在雀巢公司的帶動下，有越來越多的公司如通用汽車、嬌生、聯邦快遞等開始主動要求參加卡內基訓練。

一九九九年，總部位於廣東的TCL集團董事長李東生找到卡內基訓練，他對我們提出一個問題：「為什麼公司的業績越來越好，但利潤卻沒有增加？」他告訴我們，自己想透過卡內基訓練學習國際現代管理模式，幫助公司找到快速成長的辦法。之後，李東生帶領公司高層及各子公司的管理層參加卡內基訓練。經過訓練，大大提升了公司內部溝通的有效性。

二〇〇一年，由於公司頻繁接到大陸企業的訓練邀約，我與立言商量後，開始在上海招兵買馬，設立了分公司。從設立上海分公司開始，卡內基訓練便大量教授來自大陸的企業學員。

此時，中國大陸的經濟正在迅速發展，隨著中國越來越與世界接軌，大量的中國企業需要加強磨練人才，需要提升自己的管理文化。他們發現，卡內基訓練課程的精神，與中國以人為本、己所不欲勿施於人的文化有異曲同工之妙。只不過它是方法和技能多於道理，強調的是經由訓練讓學員養成好習慣。

二〇〇三年，當我們準備在青島成立卡內基訓練機構時，立言帶頭開始組建青島卡內基團隊。在青島的創業初期，立言和他的青島團隊透過當地國家資產管理委員會舉行的「每月一講」等公益演講活動，逐步樹立起卡內基青島公司的公眾形象。此後，青島分公司的業績每年以一〇〇%的速度成長，現在，青島公司已經有一百多個班級、近兩千名學員畢業。不僅國家機關、外企、民營企業、國營單位，而且有越來越多的個人也自費參加訓練。

立言大多數時間仍然在台灣辦公，每一次我看到他在辦公室和員工談話，他總是非常尊重別人，員工都很喜歡他，大家一起出去旅遊的時候，他也和每一個人都相處得很好，雖然他是老闆的兒子，但一點架子都沒有，像我會要求自己應該注意和員工相處的方式，但立言則完全是自然的表現，這一點他做得比我好。

二〇一一年十一月，新年將近，節日的氣氛漸濃。這一天，我在台灣辦公室接到來自大陸的電話，「黑老師，我們兩岸大學生卡內基訓練營的計畫通過了，」電話那頭，黃德芳高興地對我說。她在上海負責這個專案的前期聯繫工作。

電話那頭的黃德芳，就是二十五年前來卡內基工作的小記者。那時候，二十四歲的她坐在我面前，面帶認真的表情，彷彿就在昨天。而現在，她早就是卡內基的著名講師，同時是卡內基的行銷事務總監。她對卡內基的熱愛早已超過了工作的範疇。在卡內基訓練，像她這樣在卡內基工作了二十年或者十年以上的員工非常多，他們與卡內基共同成長，了解卡內基文化，也熱愛卡內基，現在都是我們的中流砥柱。

黃德芳現在開拓的項目，是因為我們希望能讓青年人接觸卡內基，也提供兩岸青年接觸的機會。所以，早在半年前，立言、我和黃德芳以及其他同事們就開始策劃一次名叫「兩岸大學生菁英訓練營」的活動。資助兩岸百名大學生到台灣參加卡內基訓練營。這次活動要在兩岸間展開，需要上海市人民政府台灣事務辦公室、共青團上海市委員會和上海市學生聯合會等機構作為主辦單位。所以，前期需要很多協調的工作。

接到黃德芳的好消息一個月後，立言就來到上海，十二月八日，與上海當地很多部門一起舉辦了這次活動的開幕儀式。儀式上，同濟大學學生葉文宇代表大陸學生發言，他說：「今天我們沒有距離，有的是你和我之間的信任，有的是這個民族的責任與未來。回首昨天，五千年的中華民族，我們本是同根，今天，百名兩岸優秀青年共聚一堂，我也願意相信，明天的我們也將會成為這個國家和民族的脊樑。」

當立言告訴我這個活動情況時，我深深地被打動了。這正是我們希望開展這樣交流活動的初衷，讓兩岸學生加強溝通，也讓他們獲得溝通的技能。當這一百多位學生來到台灣，參加了四天訓練後，我真高興看到他們離開時臉上的笑容。

立言和我在送別這些大學生之後，他對我說：「爸爸，我再一次覺得感恩，自己能加入卡內基。」

我與立言都很感恩能加入卡內基訓練的工作，因為它有自己獨特的魅力。是什麼能讓卡內基訓練發展百年而不衰呢？我想，這是因為它的原則對人們有切實的幫助。我從卡內基訓練中挑選出最為重要的一些內容，當你閱讀了這些原則，也許你就會明白卡內基訓練維持一百年發展的祕密了。

Part 2

如何增進人際關係、減少憂慮

卡內基訓練扭轉了巴菲特與艾科卡的人生，靠的是簡單而有效的原則，幫助人們建立自信、激發工作熱忱並改善人際關係。職場競爭越來越激烈，變化速度極快，帶給人們很大的壓力，因此，克服憂慮、控制緊張也是卡內基訓練很重要的一部分，只要能消除壓力、擺脫憂鬱，就能享受生活與工作的樂趣。本篇濃縮卡內基訓練的精華，幫助你更成功、更快樂！

第二章

人際關係的四大原則

第一節

不批評、不指責、不抱怨

發現「不批評」金鑰匙

一九一二年，剛剛二十四歲的戴爾・卡內基寫信給美國大作家大衛斯，請教一個寫作方法的問題。

年輕的卡內基希望讓自己顯得很重要，引起這位大作家的注意，所以他在信的末尾寫上這樣一句話：「信係口述，未經重讀。」他曾經見過這句話神氣活現地出現在另一位大人物的信中。

此信的確令大衛斯注意到了卡內基，他用了這樣的方法表達自己對卡內基的印象：不屑地將信直接退回，並潦草地附言道：「你態度之不恭無以復加。」

卡內基看到回信感到羞愧且憤怒，他想：「我是錯了，應該受到斥責，但大衛斯有什麼了不起，我現在真的非常氣他。」從此，卡內基不再看大衛斯的作品，甚至不再談論他。同時，卡內基覺察到自己這種突如其來的憤怒情緒，並對此感到奇怪，他想：「我知道自己是錯的，但為何仍對大衛斯有這樣的憤恨，難道只因他批評了我？」

卡內基開始思考這樣一個問題：批評他人難道有如此巨大的負面「威力」嗎？

在接近一百年後的今天，我們現代人都知道，根據心理學的研究，當一個人遭受猛烈的批評時，心跳會加速，會覺得像被挑戰、被考驗、被刺探，然後本能性的防衛機制就會啟動。為了維護自尊，他可能會採取攻擊手段以轉移焦點。所以，相信那時候讓卡內基所產生的怨恨情緒，正是他遭受批評之後的自然反應。但早在近一百年前，並沒有心理學家研究這些內容，人們無從得知批評的殺傷力，也不了解批評本身意味著什麼。

卡內基本人曾經很喜歡批評他人，他從小固執、倔強、愛與人爭辯，他在大學時樂於參加各項辯論比賽，還曾計劃寫一本有關辯論的書。從日後留下的文章中，我們可以推測，卡內基年輕時一度認為，批評他人理所當然是見識不凡者的「特權」。但對這個問題他還是第一次思考：批評或指責他人可能給對方造成非常大的傷害。

卡內基將這種感受與思考帶到課堂上，與學員們分享。這話題讓學員們議論紛紛，顯然引起很大的共鳴。

我們可以設想，距離現在八、九十年前的卡內基課堂上，那時候愛迪生發明電燈才不過三十年，在教室單調且不夠明亮的電燈下，卡內基的學員們熱切地說起自己遭受批評時心裡難過的感受，以及他們為反駁這些批評所做的更多傻事。這大概是他們此生第一次有機會述說這些感受。

「我小時候被同學取了『醜小鴨』這個外號，讓我整個初中階段一直很自卑。長大後都不想和那位同學說一句話，」一位女學員說道。她其實端莊秀麗，並不難看。不過，當她說到這件事時，臉色的確很難看。

另一位學員則說，自己是公司的行政採購員，他每次購買的辦公用具都會受到一位挑剔的同事批評，讓他覺得自己辛辛苦苦的工作變得一文不值。為了辦公用具是不是夠好這種小事，他幾乎恨了這位同事一輩子。

卡內基發現這樣的事實：曾經遭受的批評確實大大地影響了學員們的情緒，他們非常不喜歡受到批評。從課堂離開後的卡內基一頭栽進了圖書館，他翻閱書籍，希望繼續了解批評為何物。而從上千頁的歷史中，他發現答案可以簡單地歸納為：批評是個毫無成效的方法。

批評猶如剝下人的自尊與面子，常常只會帶來反效果，甚至會對人造成傷害。

從眾多學員們親身經歷的事情和名人事例中，卡內基發現：批評無用，它徒使人增加一層防禦，竭力地替自己辯護。這些被稱為「人類」的「東西」有一種天性，那就是做錯事只會責備別人，而絕不會怪罪自己，每個人都是如此。人天生就會盡量維護自尊和面子。

「不批評、不指責以及不抱怨他人，應該成為我們的準則。」可以想像，卡內基當時發現了不批評、不指責的重要性之後，在心裡對自己說。後來，在學員們的一致投票下，「不批評、不指責、不抱怨」成為卡內基溝通與人際交往的第一條行事原則。

對於以上過程，有一些來自史料，有一些則是我自己根據當時情況的猜測，以將卡內基先生對「不批評、不指責、不抱怨」原則的發現勾勒為一個完整的過程。因為我相信，在歷史上，卡內基先生的確有過對「不批評」越來越深入的思考，他發現這個原則時，肯定是萬分驚喜。他發現這個原則，並不是從哪裡直接借鑒來的金玉良言，而是藉由卡內基訓練眾多學員們在實際生活中得到的體會。這條原則和後面我們要講到的其他原則一樣，來自對人生的了解、對人性的洞見，所以簡單、直接，且非常有效。

它是卡內基訓練的第一條，成為開啟良好溝通與人際關係的金鑰匙。

此後將近一百年裡，卡內基的學員都被告知，當你希望贏得由衷地合作時，不批評、不指責、不抱怨會是一個不錯的開始。

不批評的威力

卡內基找到了「不批評、不指責、不抱怨」原則後，恐怕他最先想到的例子就是林肯先生。卡內基曾費了十年左右的時間，研究林肯的一生，還用了三年時間寫了一本林肯傳記。他發現，林肯並非生來就不批評人，但在成為總統後，林肯的確嚴格遵循了不批評、不指責的行為規則。在總統職位上，林肯非常稱職，一八六五年林肯去世的時候，美國陸軍部長史坦頓說：「躺在那裡的，是世界上最完美的元首。」

卡內基將自己找到林肯在不批評、不指責上所做的事情記錄了下來：

美國南北戰爭時期，著名的「蓋茨堡戰役」爆發，一八六三年七月四日晚上，南方的李將軍開始向南撤退，到達波多馬克河邊時，前方河水暴漲，他們無法渡河，而乘勝追趕的北方軍就在後面。

北方軍只要再前進一步，就可以乘勢俘虜李將軍，這樣可以立即結束這場戰爭，林肯命令帶領北方軍的米德將軍立即襲擊李將軍的軍隊。

可是米德將軍卻遲遲不進攻。最後，河水退潮，李將軍和他的軍隊就這樣逃走了。

林肯對此震怒至極，他寫了封信給前方的米德，狠狠地批評了他的失職，信的最後幾句，他毫不隱藏自己的不滿，他寫道：「期盼你會成功是不明智的，我也不期盼你現在能做得更好。良機已經失去了，我實在深感遺憾。」

猜想一下，當前方的米德看到信後，他將會如何反應呢？

可是米德從來沒有看到那封信，原因是林肯並沒有把這封信寄出去。這封信是在林肯去世後，從他文件中發現的。

林肯沒有把信發出，寫完後就放在一邊了。也許他明白，一旦發出這封信，他和米德將軍之間的關係，將會出現一道永難彌補的裂痕，米德甚至會卸甲離去，這對林肯並沒有任何好處。林肯從過去的生活經歷中知道，尖銳的批評和斥責永遠不會有效果。

卡內基發現，在著名人物身上，不批評的例子俯拾即是。

另外一則來自書上的例子是，美國富蘭克林總統在年輕的時候並不伶俐，可是後來成為極具手腕、處世待人極有技巧的人，甚至擔任過美國的駐法大使。他成功的祕訣是，「我不說任何人的不好，」他說：「我常說我所知道的每一個人的好處。」

在描述這個案例之後，卡內基緊接著得到一個結論：「任何一個愚蠢的人，都會批評、責備、抱怨他人。同時，絕大部分愚蠢的人的確這麼做。」

在現在的卡內基訓練中，任何情況下都不會指出他人是「愚蠢的」。但在當時，卡內基先生得到這個結論，我們可以猜測，大概他是在心裡懊惱地指責自己說：「我過去真蠢。」而從另外一方面可以看出，卡內基先生發現不批評這個道理之後，有煥然一新、脫胎換骨的感覺，「如此簡單的方法，卻可以使自己和他人的溝通以及人際關係得到極大的提升，要是早點發現就好了。」

所幸，卡內基的學員們不會再錯過這個原則。之後，卡內基在課堂上將「不批評、不指責、不抱怨」的原則告訴學員們。他告訴學員許多例子——包括我們前面提到的林肯的案例——這些例子讓學員們得到思考和啟發，知道對於人際關係而言，不批評、不指責、不抱怨是如此重要。「當你想批評的時候，想想林肯是怎麼做的，」卡內基告誡自己的學員們說。

在課堂上，卡內基還讓忠實執行這一原則，並且從中獲得好處的學員上台演講，以喚起其他學員實施這一準則的渴望與熱忱。

卡內基給學員們的忠告是：「你們要不斷地使用。」我在後來二十五年間進行卡內基訓練的過程中認識到，卡內基訓練不是知識，而是一項技能，一項熟能生巧、需要勤奮練習的技能。

直到現在，這都是卡內基訓練的主要內容之一。

華文世界批評多

當我將卡內基訓練引入華文世界，最初我上課提出「不批評、不指責、不抱怨」的原則時，我才剛說完，就有學員發言說：「黑老師，應該是四個『不』：不批評、不指責、不抱怨、不可能。」

全班哄堂大笑，但我想此言有理，在華文世界裡，「批評是為了你好」這樣的話常常出現，這句話就像我們大多數人的成長伴侶。

對此，我自己深有體會。我的父親是軍人，從小對我比較嚴厲，在我們犯錯時，他經常會斥責我們。讓我時常想去親近溫和的母親，而非嚴厲的父親。

我的太太李百齡，從小就是傳統觀念中的乖小孩，功課很好。但每次親戚朋友對父母誇獎她功課很棒時，她的爸媽就會回答說：「沒有啦，她哪有聰明，其實她很笨。」父母雖然是為了謙虛，但她卻把他們的話信以為真，一直覺得自己很笨。後來我太太告訴我，在她考上頂尖的台灣大學後，還是覺得自己很笨，還養成了凡事退縮的習慣。

我想，在我們華文世界裡，很多人從小就在批評中長大。當我們是小孩子時，因為不聽話，被父母批評；當我們是學生時，因為考試不夠好，被老師批評；好不容易畢業開始工作，「受氣包」們以為自己可以被平等獨立地對待時，老闆的批評與指責又來了。

從小到大，他們說，「罵你是為你好」、「愛之深、責之切」、「不打不成器」、「棒下出孝子」等等。漸漸地，我們習慣了批評，甚至以為這是構成自己生活的一部分。

奇怪的是，儘管批評被父母、老師、老闆視為一件幫助我們成長的事情，但每次當我們被批評時，都不會感到快樂，也不覺得自己在成長。相反的，因為屢屢受到批評，讓我們見人就矮了幾分，當我們長大後，便不是那麼喜歡自己，沒有足夠的自信心。

愛之深、責之切，父母的出發點可能是求好心切。可是，批評貶抑的表達方式卻對孩子造成了傷害，甚至讓他一輩子都會記得這種不舒服的感覺，反而造成了反效果。

更可怕的是，孩子也漸漸地長成喜歡批評別人的人，以為只有批評才能解決問題。同時，我們發現，儘管自己很有道理，朋友和家人卻不肯親近我們。

正是因為如此，我尤其認為，在華文世界裡應該更廣為宣導「不批評、不指責、不抱怨」這個「三不原則」。

不批評、不指責、不抱怨看似很難，但藉由反覆練習，還是可以做到的。批評他人是一件很容易的事，所以人們時常脫口而出，而善解人意和寬恕他人，則需要修養和自制的功夫。每一項優秀的特質，都是經由反覆學習與訓練才能得到，在「不批評、不指責、不抱怨」這項對自己如此重要的技能上，我們當然也要投入足夠的耐心和時間去練習。

我們有一位卡內基學員胡德興，他曾經常常因與主管或同事的理念不同而陷入批評、凡事都是別人做錯的泥沼，但後來他做到了不批評，而收穫良多。胡德興是富邦投顧的董事長，今年四十九歲，精力充沛，說話和藹。

二〇〇四年，他在一家外資投資集團受指派由機構法人投資業務主管轉任零售通路業務主管，並升任一家子公司的董事長兼總經理。原對金字塔頂層的個人及法人業務非常熟悉並因此獲獎的他，因對零售通路業務的不熟悉，初期的壓力相當大。更糟糕的是又時逢全球金融風暴，胡德興管轄著公司最大的業務部門，一旦這個部門做不好，整個公司或區域都會大受影響，因此當時的台灣區總負責人就親自下來協助管理此業務。這讓當時自恃甚高的他，面子相當掛不住。因此除了挫折外，對負責人的各項策略常常表示不認同，並充滿了批評。

但當時胡德興已經擁有宗教信仰，他相信這一切的不順遂，一定有上帝美好的計畫與用意，是要讓他學習更謙卑，才能更茁壯。所以，他打算停止批評。

胡德興曾參加過台灣卡內基訓練，在卡內基的課堂上已經知道不批評有多麼重要。所以他想，這件事得強迫自己去做。於是，他要求自己暫時停止對主管的抱怨和指責。接著，他發現了一些過去從來不曾想到過的事實：過去負責人沒有直接批評他，只是不斷引導他應該如何做，這說明他的出發點是為工作、為團隊，而非針對個人。

胡德興繼而想到，這位總經理最近身體不是很好，每餐都得吃藥，但他工作非常努力，常常沒日沒夜地加班。至此，胡德興發現，他其實是一位工作認真又願意協助同事的主管。那一刻，這位過去如此嚴厲的主管，在胡德興眼中的形象完全改觀了。

胡德興停止批評後，就越來越能看到對方的優點，接著就想到，自己過去也不見得全都對，那麼，為何一定要堅持自己的觀念呢？這樣一來，胡德興完全不再批評這位主管，而是積極與他配合。後來，胡德興與總經理關係融洽很多，他們互相配合以後，企業也順利地度過了金融海嘯。在往後的四年內，帶領團隊屢創佳績，不但資產規模成長了三倍，收益及獲利都創下公司成立以來的新高。

胡德興的經歷告訴我們，一旦放棄批評，甚至可以與過去最討厭的同事相處，也可以在金融危機時使企業反敗為勝。當然，經過這樣的歷練之後，胡德興更善於控制自己的情緒，他幾乎不再批評別人，與人合作溝通的態度備受大家好評。之後他到富邦集團的投顧擔任董事長，還被選為世界青年總裁協會台北分會會長，依靠自己良好的溝通態度，他經常幫助商業界進行溝通與促進的工作。

胡德興這樣總結自己巨大的改變：「不批評、不指責、不抱怨」讓人容易謙卑，謙卑時，你眼中所見會和以前不同。越謙卑越能認識到自己的不足，更願意學習。謙卑時，外界的力量就會進入你的身體，幫助你融入外界環境，與周圍的一切更和睦相處。

胡德興的例子可以提醒我們：要培養自己的謙卑之心，可以從做到「不批評、不指責、不抱怨」開始。

想像有一位園丁，當他栽種的植物成長不如預期時，他不會責備植物，而是提供它們更好的成長條件。孕育人際關係，也是相同的道理。

高EQ的不批評

二〇一一年底，新浪微博上流傳一個小故事：一對情侶坐地鐵去世紀公園，出站之後兩人因為哪個出口較近而爭執起來。女朋友認為應該走二號出口，男朋友則認為她說錯了，一號出口才是對的。無奈之下男朋友只能求助於服務台的工作人員。服務台的阿姨望了男孩子一眼，只說了一句：「要去世紀公園就走一號出口，要女朋友就走二號出口。」

這個小故事被轉貼超過五萬次，大多數轉貼者都表示很同意這位阿姨話裡的道理，一位讀者的留言比較有趣：「仰望阿姨的ＥＱ，男孩子羞愧了。」

時間到了二十一世紀的第一個十年，這與當年卡內基提出「不批評、不指責、不抱怨」的十九世紀相比，環境已經發生了極大的變化。但有一點是沒有改變的，那就是，人們依然是充滿情緒的「動物」，會被批評與指責傷害到自尊。

而且，由於現代人大多非常獨立、有個性，有很多選擇，所以，批評、指責、抱怨所帶來的負面效果比一百年前更大、更迅速。

也許，那個執意要走一號出口的小夥子沒有阿姨的指點，就會因為批評自己的女朋友，而與她爭執。這時候，他是繼續責怪女朋友「不講道理」呢？還是應該責怪自己，不懂人性、不了解照顧他人的情緒需求呢？

在現代社會，ＥＱ已經成為一門顯學，我們比當年卡內基的學員們還要幸運，因為我們知道培養ＥＱ的重要，也更能主動地去訓練自己的ＥＱ。

在當前社會，依靠地位優勢的命令式合作方式，已經很難在家庭或企業中行得通，相反的還可能引起對方的反感。更好的方法是獲得對方誠懇的合作，構建「雙贏」的關係，讓雙方心甘情願往同一個方向前進。應用在企業關係中，企業家希望與員工同心協力完成工作；在家庭中更是如此，家庭中沒有絕對的對錯，只有每個家庭成員熱愛彼此的那顆心。

要如何得到這顆心呢？大家可能都有這樣的經驗：如果家長在家常常批評自己的小孩子，小孩子就不太喜歡回家，而是逗留在外和其他小孩子玩，因為他的心已經不在家裡面了。如果在公司批評同事，同事倒是不會跑，但是他的心不在公司了，他可能只是機械式地完成上級的命令，像個機器人。

所以，我們千萬不要用批評去「趕走」人心。

批評或許能贏得一次爭論的勝利，但透過不批評的辦法，往往能夠贏得人心。這顆心蘊藏著的勇敢、真誠、毅力，才是我們所能贏得的最為寶貴的東西。

在過去二十五年裡，我看到了很多卡內基訓練學員實踐「不批評、不指責、不抱怨」原則後所帶來的轉變，我還發現，我身邊那些擁有良好人際關係的朋友，以及我所見到的知名人士，他們通常包容性強，很少批評他人。

著名理財專家、財經節目主持人夏韻芬人緣很好，我發現連她家樓下咖啡館的服務小姐都和她是朋友，我很好奇，她這麼好的人際關係是從哪裡來的呢？她想了想，跟我說了一個自己的故事。

夏韻芬有很多觀眾，在一次巡迴演講中，一位白髮老伯站起來向她發問，他在台下大聲地問道：「我手裡有二十多支績優股股票，但仍然不賺錢，現在我應該再買什麼樣能賺錢的股票呢？」

這種持有過多種類股票的狀況在任何理財專家眼中，都是不好的投資行為。「你的投資過於分散，所以不能賺錢，」這大概是專家所能夠給予的忠告了。

但是夏韻芬從來不會批評觀眾。聽完他的問題，她笑瞇瞇地對台下說：「我發現你們比巴菲特還棒呢。」台下從聽眾傳來：「這怎麼可能？」夏韻芬笑著解釋說：「巴菲特的基金公司持有二十檔股票。你們有多少人超過二十支？你們不是比他還棒嗎？」

這時候，夏韻芬觀察到台下有觀眾開始顯露出不好意思的神情，有聽眾甚至脫口而出道：「對，手裡的股票有一點多呢。」

然後，夏韻芬開始反問觀眾：「你們的股票一起漲停的機率大不大？不大嘛。但是一起跌停的機率大不大？滿大的。」

聽眾們開始明白自己做法可能有問題。那位老伯第二次站起來問說：「那我應該如何減少手裡持有的股票呢？」

聽到這裡，我開始明白夏韻芬為何有好人緣了：她不會隨意批評任何一個人，而是讓他們自己發現問題。

夏韻芬現在主持兩個電視理財節目，出版了八本理財類書籍，有媒體稱她為台灣的「理財天后」。夏韻芬從多年來備受歡迎的主持和演講中獲得的經驗是：不要批評聽眾，哪怕是位賣菜老伯，他也可能會在受到批評之後表示反對。如果想告訴他們應該如何做，要讓他們自己說出來。

知道有年長觀眾叫夏韻芬什麼嗎？「韻芬姐」，還有聽眾在夏韻芬舉行講座時送水果，這麼親近的稱呼和做法，是因為夏韻芬從來沒有試圖批評他們，也從來沒有顯露出高高在上、指指點點的專家姿態。她不僅告訴他們應該怎麼做，還贏得了他們的心。

我們總能輕易地看見別人的失敗、錯誤和缺點，忍不住提出批評和建言。但我們可以想一想，當我們遭遇失敗、犯錯和面對自己的缺點時，期盼的並不是別人的批評指正，而是耐心和包容。所以，當我們對別人展現耐心和包容時，其實是在進行影響力的投資。

不管是一百年前還是現在，不管是在美國、中國或是其他國家，我們始終要記得這個簡單的事實：當我們在應對一個人的時候，不是應對理論的動物，而是在應對感情的動物。

從「不批評、不指責、不抱怨」開始，你的人際關係與EQ會更好。

第二節

真誠的讚美與感謝

讚美的重要與效果

「洛克菲勒為什麼受到員工歡迎？」卡內基問。

「或許，因為他有錢，」一位朋友回答。

九十年前的美國，主要城市的道路還是狹窄的水泥道路，福特汽車剛量產不久，但已經出現一些卓有成就的企業家，比如約翰・大衛森・洛克菲勒，他創辦了標準石油公司，後來被《富比士》（*Forbes*）雜誌評選為全美首富。

此時，剛剛成為校長的戴爾・卡內基已經擁有一所自己的學校以及幾位志同道合的老師，而這還遠遠不夠，他需要找到更多對學生有效的人際溝通方法。他的方法是觀察並舉證。比如，觀察當時著名的美國首富洛克菲勒。

洛克菲勒長著一張削瘦的面孔，他的傳記作者說，在他五十三歲因為生病而痛改壞脾氣之後，他變成一位優秀的領導者。卡內基試圖發掘這位商業奇才的領導方法，他從外界對洛克菲勒的報導中了解到一件事：洛克菲勒有一位合作夥伴叫貝德福德，他一直很能幹，但有一次卻犯了大錯，貝德福德在南美洲做錯了一筆買賣，使公司虧損了一百萬元。這無疑是筆巨大的損失，但是，洛克菲勒並沒有思考如何懲罰貝德福德，他想：貝德福德已經盡了最大的努力，而且這件事已經結束了，我需要找到可以稱讚他的事情。於是，當貝德福德見到洛克菲勒時，洛克菲勒恭賀貝德福德，幸好他保住了六〇%的投資金額。接著，洛克菲勒對這位目瞪口呆的合作者說：「那已經不錯了，我們做事不會每一件都是稱心如意的。」

透過這樣的例子，卡內基明白洛克菲勒待人的成功祕訣之一：他懂得讚揚別人，無論在任何時候，他讓人感到自己有用而且很重要。

卡內基想起自己小時候的一段經歷，那時候他是一個密蘇里州的農家兒童，自己的父親飼養了一種品種優良的豬和一種白臉牛。在牲口展覽會上，這些豬和白臉牛曾經獲得幾十次的一等獎。

小卡內基看到父親把藍緞帶獎章用針別在一條白布上，當有親友們到家裡做客時，父親就拿出這條白布，卡內基握著布的一端，父親握著另一端，將一長串藍緞帶一等獎讓親友們觀賞。

其實，豬和牛並不在乎牠們是不是贏得了藍緞帶，可是父親卻十分重視，因為這些獎章證明了他是一位好農夫，替他帶來了一種「我很重要」的感覺。

卡內基發現，不管是企業員工還是鄉間農夫，每個人都需要讚美，而這恰恰是人性的需求。卡內基從書籍中找到了人們渴望讚美的原因。佛洛伊德曾經說過，「我們做事的動機不外有二，性衝動和渴望偉大。」心理學大師威廉•詹姆斯也有相似的觀點，認為「人類本質中最殷切的需求是渴望得到肯定」。我們需要並渴望別人的讚美，因為在每個人的心底，都投射著一個完美的自己，別人的讚美讓我們覺得自己就像心底想像的那樣美好。

雨果希望把巴黎改成自己的名字，以此作為對自己最大的讚美。馴獸師用獎勵的方法訓練殺人鯨，用讚美使鯨魚表演得更出色。平時調皮的小孩子用好好吃飯、乖乖睡覺來獲得媽媽的注意，得到媽媽的讚美。無論是孩童還是偉人，甚至是動物，無一不需要讚美，無一沒有從讚美中獲得動力和快樂。人們對於獲得讚美的欲望，就像吃飯睡覺一樣，是天性，是渴望做得更好的本能。讚美為人們帶來認同感，這是人性的一部分。

所以，有效的讚美可以對他人造成影響，發揮作用。

但是，平時人們得到的讚美卻何其之少。卡內基想起自己曾經參加過當時流行的絕食，有六天沒有進食。他覺得那種情形並不難受，到第六天時，似乎比第二天還不覺得饑餓。不過，卡內基由此想到，如果有人讓家人或員工六天都不吃東西，那是犯罪。可是，人們卻會六天、六週甚至六十年，不給家人或員工像食物一般重要的讚美。人們照顧了孩子、朋友和員工體內所需要的營養，可是給他們自尊上所需要的營養卻又何等稀少。

卡內基意識到，讚美與感謝既珍貴又稀少，這將是未來卡內基人際關係訓練中重要的一課。他之後在自己的書中將此列為人際關係的重要法則，那就是卡內基溝通和人際關係的第二條法則：給予真誠的讚美和感謝。

至於卡內基本人，則變成一位極愛讚美他人的人，這讓他在此後獲得了更多的友誼。讚美如此重要，以至於卡內基甚至在自己的墓碑上也讚揚他人，他為自己所寫的碑文是：「埋葬在這裡的人，知道如何跟比他自己聰明的人相處。」

中國人請注意

當卡內基訓練來到華人世界時，我們面臨的一個問題就是，中國人很不習慣讚美他人以及對他人表達感謝。

中國人向來含蓄、內斂，在傳統文化中，認為謙虛是一種美德。所以，很多中國人既不習慣讚美他人，也不習慣接受讚美。比如，如果你誇獎一位西方姑娘很美麗，她會高興地說：「謝謝。」如果當你誇獎一位東方姑娘很美麗，很可能她會害羞地擺擺手說：「哪裡，哪裡。」一位西方朋友初到中國碰到過這個典型的問題，他當時不得不接著回答：「嘴、鼻子、眼睛……。」

在中國的農村，直到現在還有很多孩子的小名叫「狗剩」、「二妞」等等，因為中國過去有一種看法，小孩子好話聽多了會「損福」，而取一個賤名則容易養活。在孩子的成長過程中，對於讚揚也同樣如此隱蔽，當別人誇獎自己的孩子時，一般父母也會說：「哪裡，哪裡。」因為似乎這些父母的義務之一是，不要讓孩子聽到太多讚揚而產生驕傲自滿的情緒。

所以，要讓中國的人們表達出自己的讚揚與感謝，是一件比較困難的事情。根據我這麼多年的教學經驗，我認為在中國表達讚美與感謝，尤其要注意下面這四點。

一、了解人們都有受到讚美的需求

我覺得，我們首先要了解讚美的重要性，只有當你了解了，才會有意願、有動力去做。上海市閘北區和田路小學的張軍瑾校長便是如此。

二〇一一年，張軍瑾上完卡內基訓練之後，想到課上安排的「讚揚他人」這個作業。晚上回家後就想讚美女兒，她問女兒：「妮妮，你告訴媽媽，你有什麼優點啊？」沒有想到，女兒的回答竟然是：「媽媽，我沒有優點。」這個回答幾乎當場令張軍瑾呆若木雞。

張軍瑾對女兒的教育向來比較嚴格，偶爾會批評女兒，很少讚美。她認為這是為了督促女兒進步，但萬萬沒有想到的是，原來，孩子的心中卻認為「在媽媽眼中，我是沒有優點的孩子。」張軍瑾聽到女兒的回答，覺得揪心，覺得太委屈女兒了。她趕緊對女兒說：「孩子，媽媽真的不是這樣看待你的，在媽媽眼中你有很多優點，媽媽可以講五十條、一百條。」

女兒聽了似乎有點高興地問：「真的嗎？那你講嘛。」

於是，張軍瑾真的開始一一數出女兒的優點，那個晚上，母女倆講到將近凌晨一點，張軍瑾一共說了女兒的二十五項優點，才不得不停下來，「我們明天再講好嗎？」張軍瑾問，女兒同意，很高興地睡覺了。

第二天，張軍瑾加班到晚上近十一點才回到家，通常這時女兒已經睡覺了，可是，當天女兒卻在客廳等她。張軍瑾問女兒：「你為什麼沒有睡覺啊？」女兒回答：「在等你說我的優點呢。」於是，這個晚上，張軍瑾和女兒躺在床上又開始講女兒的優點，講到最後十多條的時候，女兒捨不得結束這次談話，撒嬌地說：「這個不算一條，算半條，再講一條。」就這樣又撒嬌又賴皮地，女兒聽到了媽媽說自己好多好多條優點。

那個晚上，母女兩人頭靠頭地躺在床上，女兒親暱地與張軍瑾小聲說著話，那一刻，張軍瑾覺得自己與女兒很貼近。

張軍瑾這才意識到，原來孩子是多麼需要聽到父母的親口表揚。這件事之後，張軍瑾至少一週寫一張小紙條給女兒，寫自己看到女兒的進步和優點。每次，女兒接到這樣的紙條都會很開心。

張軍瑾也感受到自己和女兒之間的溝通發生了很大的變化，過去，她很挑剔孩子，漸漸她也發現女兒很多被忽略的優點；過去，張軍瑾只是詢問女兒：你功課做好了沒有？你考試考得怎麼樣啊？慢慢地，她開始與女兒聊天，漸漸成為朋友，女兒也開始與張軍瑾分享學校發生的事情。

二、讚美要真誠

在過去二十五年的授課中，我會特別強調真誠的讚美，在華人地區，有一個詞語叫做「拍馬屁」，但是大家需要了解的是，真誠的讚美絕對不是拍馬屁。

在卡內基原則中，給予真誠的讚賞和感謝（give honest and sincere appreciation），卡內基使用的是give，是給予而不是交換。換言之，卡內基認為真誠的讚美與感謝是發自內心的，是不求回報的。這也是讚美吸引人的地方所在。

什麼是讚美？卡內基在解釋讚美的時候，特別強調了兩個詞，誠實和真摯。也就是說，真誠應該是我們在讚美時保持的態度。當我們讚美他人的時候，應當懷著感恩的心情，沒有任何目的，無所保留地表達對他人的欣賞。

這就是讚美的出發點，不帶有目的性的欣賞對方。真誠的讚美是具有生命力的。最直接的體現就在於讚美可以鼓勵他人，可以改善人際關係，獲得別人的好感和信任。

真誠的讚美意味著，讚美不是討好別人的工具，也不是為了獲取他人的好感而硬生生編出來的。當讚美不是發自內心的感受時，就可能變成拍馬屁，變成曲意逢迎。這時候，給予讚美就顯得惺惺作態，被稱讚的人也不會充滿感動。

張軍瑾在學習了卡內基課程後，開始運用這一原則，她親筆給每位老師寫了一封賀卡祝賀教師節。這不僅是一封節日的祝賀卡，而且還是一封獨一無二的信，內容針對每個人的特點而寫。

「我和他們同事多年，非常熟悉，我能看到他們的長處，或者能回憶起很多他們做過令我深切感動的事情，這些事雖然大部分只是日常工作中的細節與小事，平淡普通，但是一旦用筆寫出來就有不同的感受，」張軍瑾這樣想。於是她用三天的時間，給每個人寫了一封信，信中讚美了每位同事的優點和曾經做過讓人記憶深刻的舉措，在教師節的那一天，張軍瑾親手將這些獨特的信件再配上一朵康乃馨送到每位老師的手裡。

張軍瑾看到，學校裡的氣氛立刻變得很不同，她至今記得那個異常愉快的上午，「那個上午，老師們非常高興，大家互相傳閱信件，他們高興地說，原來校長是這樣看我的。」有幾位老師在走廊上看到張校長，停下來對著張軍瑾微笑，說著感謝的話。有的老師把這信放在玻璃板下面，說要一直看。

「到現在回憶起來，這是做校長這麼多年中，讓我非常有成就感的事情，」張軍瑾面帶幸福地感歎。而張軍瑾在這種良好的工作氣氛中，推動學生的創新活動，收到很好的效果，因此被大陸在教育方面的權威媒體《中國教育報》評選為「二〇一二・推動學校發展最有貢獻力的校長」之一。

三、開口說出來

中國人很含蓄，不好意思當面讚美他人。不過，讚美不說出來，又怎麼能令人感受到呢？

「父母從小對我們沒有讚賞，農村的一些家長相信『棒下出孝子』。長大後，對別人讚賞和感謝，就成為我最少做的事情。我想說，但說不出口，」浙江里安農村合作銀行行長鄭鋒在卡內基課後對老師這麼說。

「好多人都有這種情況，現在是進一步提升的時候了，」卡內基的老師回答。

鄭鋒說出華人地區的普遍情況：讚美說不出口。在華人地區，我們有一個特點，那就是比較含蓄。有些人常常把感激之情埋藏在心中，不好意思告訴對方。而接受感謝的人，也常常不知所措，不知道自己該如何回應對方。

現在，人們的溝通方式有很多種，電話、郵件、部落格，這些新興的通訊方式使人們的聯繫更加密切。在這種環境中，人們應該有各種途徑來表達讚美吧？在現代教育下，人們應該不會忽視對別人的讚美吧？然而事實卻不是這樣。今天，有很多人不懂如何讚美別人，忘記回應別人的期待。

然而，感謝如果藏在心裡，不讓別人知道，就難以散發出感染力與影響力了。

鄭鋒參加卡內基訓練後，決定開始讚美他人，他走出了第一步，親手寫感謝卡給表現突出的員工，例如「某某，你這個月業績這麼好，我要感謝你」、「某某某，你獲得了客戶很高的評價，相信你付出了很大的努力，我要表示感謝和讚賞」等等。鄭鋒看到，員工因為自己的努力被主管看到，覺得很開心。「我也能讚揚別人了，」這一點，讓鄭鋒也感到高興。此後，他覺得自己和下屬的溝通更順暢了，過去與員工溝通時，只是為了工作不得不去找員工談話，「以前會擔心，我談的東西他是不是感興趣呢？」鄭鋒說，「但是，在發出了感謝信之後，由於互相能感受到接納，我可以主動地找別人聊聊，深入地了解員工。」

台積電的財務長何麗梅是公司裡數位高階主管之一，在工作上不僅非常優秀，而且很有親和力，她同時也擔任台積電的新聞發言人，多年對內對外的溝通經驗讓她發現，下屬面對主管的時候會很緊張，如果這時候你批評他，批評就會被放大。但如果你給他一點肯定，這種肯定就會在他心裡被放大很多倍。主管的職務越高，讚揚被放大的倍數就越高。

與其用批評，不如換種方法，用感謝與讚美的方式增加他的自信。領導者透過讚美與感謝，影響力才會有效地發揮出來。

四、尤其要讚美與感謝家人

家人是我們最親密的夥伴，卻有可能是我們最難去讚美的人之一。身邊最親密的人，往往也是最容易被我們疏忽的人。對於家人，也許我們心懷感謝，卻很難說出來。但事實上，家人才是最應該得到我們讚美與感謝的對象。無論是對我們的付出或支持，沒有人比家人做得更好。而對家人的讚美，效果常常好得出人意料。

有一次，我在香港辦了一場訓練，要求學員回去後與家人共同體驗什麼是「真誠的讚美」，隔天再請他們分享經驗。

有一位小姐報告，前一晚她跟母親坐在一起，對母親說：「您真是位好媽媽，以前拉拔我們幾個子女長大，現在還幫我們帶孫子。您好辛苦，但是我卻從來沒有聽您埋怨過。我今天要好好地謝謝您。」話才說完，母親一言不發地起身，走進房間。原來她躲到房間裡哭了起來。

這位母親為什麼會哭？我想，她平時犧牲奉獻慣了，從來沒有想過子女會有所回報。如今聽到女兒說出這樣讚美的話，心裡的衝擊一定很大。

我們有一位上海的卡內基學院郭向東，他在上完卡內基課程後，給自己九歲的女兒寫了一張尊重卡，內容是：「親愛的女兒，我很尊重你，因為你非常可愛，而且很懂事。爸爸。」小女兒收到卡片後問爸爸：「你還有這樣的卡片嗎？能不能給我一張？」結果第二天一早，小女兒交給自己五歲的小弟弟一張卡片，上面寫著：「親愛的弟弟，我很尊重你，因為你很可愛，以後我再也不欺負你了。」郭向東看到這張卡片非常感動，因為，過去女兒總是欺負、挑釁弟弟，有時會搶弟弟的玩具，有時還會打弟弟，而父母的規勸與懲罰似乎作用不大。郭向東實在沒有想到，因為自己受到了尊重與讚美，小女兒居然立刻效法爸爸，去尊重自己的弟弟。

這就是讚美的魔力。當我們這樣對待家人的時候，他們能感受到我們的愛與接納，並將這份愛回報給其他人，才有了和睦和充滿愛的家庭。

讚美的魔法

我生命中發生的很多事情，也能驗證讚賞的魔力。我和孩子們都因為受到了讚美，人生發生很大的轉變。

我寫過幾本書，也常常自己寫各種演講稿，往往有不錯的效果。但其實，我對寫作並非一開始就有天賦，改變是來自我小學四年級時獲得的讚美。那時，我的老師姓沈，他非常肯定我的作文，不僅細心批改，還向別的老師誇獎我，甚至找來高年級學生的作文做比較，說連高年級學生的作文也沒有我寫得好。

沈老師對我作文能力的肯定和信任，讓我變得很喜歡寫作，一寫就寫了很多年，不僅出書，而且至今對寫作的熱情未減。沈老師大概沒想到，他對我的讚美，居然改變了我的一生。

我家老二小時候非常活潑好動，很聰明但不愛念書。以前住在美國時，這個調皮的孩子居然會把火柴往汽車油箱丟，讓鄰居都驚恐萬分，我們做父母的很擔心他會變成不良少年。

他在讀高中的時候，摔角教練在別的同學面前讚美他，被他聽到了。從那時起，他就發憤圖強，用功讀書，後來念了醫學院，當了醫生。

我的小兒子最珍藏的一封信，是他大哥寫給他的家書。信中有一段，大哥誇他是全家最聰明優秀的孩子，對他產生不小的激勵作用。我的小兒子後來表現優異，上了美國史丹佛大學，最後投身於他喜愛的產品設計領域。至今，他仍然念念不忘大哥當年的讚美。

可見，一句讚美的話，影響力可以長遠到一輩子。

另一個真實的故事，就發生在卡內基的班上。

有一個小女孩子有口吃，在學校裡同學們的嘲笑讓她變得退縮自卑，有一天，她的母親意外地發現女兒在練習詩歌朗誦，很高興地對女兒說：「老師很重視你啊！」還陪著女兒一起練習。正式表演當天，母親興致勃勃地來到現場，想看看女兒的表現。結果，看到當時的場景後，這位媽媽的眼淚就掉下來了。原來，上台的學生多半是有智力障礙的孩子，老師竟然把她的女兒當成低能兒了。這個母親因為不相信女兒的表現有這麼糟，於是送她來接受卡內基訓練。卡內基的講師並不懂專業的口吃矯正技術，我們能做的，就是鼓勵學員、讚美學員，培養他們的自信心。即使孩子有口吃的問題，我們還是不斷地讚美她，說她說得很好，要她多練習說話。結果這個本來被學校老師當成智力有障礙的女孩，不僅克服了口吃的問題，還考上了明星中學，成為一個很優秀的學生。

卡內基的學員王麗君，是內蒙古呼和浩特思德幼稚園的園長，曾經是一位嚴厲的領導者，在卡內基課堂上聽說了讚美的作用，她決定試試。一天，她檢查工作時發現有一個大班的孩子們不是像往常一樣用湯匙吃飯，而是用筷子。原來，學校疏忽了應該給大班的孩子們及時換上筷子，但這個班級的老師不僅想到了，還用自己的錢買了筷子。王麗君覺得很感動，於是在全校例會時，讚揚了這位老師的細心與積極行動，然後她說：「將孩子交到你手裡，我們都很放心，我要為孩子們和家長向你鞠躬」，便向這位老師鞠躬致謝。兩週以後，王麗君發現，每個班級都發生了一些細小而有效的改變，大家都努力，希望做得更好。王麗君不僅感慨地對我說：「作為一種改變人們舉止習慣的方法，讚美比批評有用得多。受到讚美的人，他們真的因為擁有繼續努力的目標而獲得動力了。」

我們的卡內基學員董俊良，現在是宏達電北亞區總經理。二〇〇五年，當時他是多普達國際的總經理，這家生產手持裝置的企業準備拓展大陸業務，董俊良積極走訪各省市的事業夥伴。

甘肅省的蘭州市位於大陸西北部，靠近敦煌，經濟並不發達，夏天的天氣有些悶熱，董俊良來到這裡拜訪當地的經銷商。

按照資料顯示，他來到蘭州一家百貨公司，在大樓的一角，董俊良找到一個小小的銷售點，這是多普達其中一個小經銷商。董俊良走上去對店長做了自我介紹。經銷商得知面前站著的這位是董俊良後感到非常驚訝。

「我這麼小規模的經銷商，你怎麼來看我呢？」這位經銷商問道。

「因為你很重要啊，」董俊良回答道：「我想跟你請教一下，在小小的百貨公司，只有兩、三個桌面寬的櫃檯，你卻可以做出這麼好的銷售業績，你是怎麼做到的呢？」

這位經銷商聽了非常高興，他請董俊良坐下，細細地聊起如何在這樣的小地方提供良好服務的方法。

董俊良臨走時，經銷商很感動地說：「我們蘭州很偏僻，我的經銷點又那麼小，你卻來看我，和我聊這麼久，還誇獎我做得好。」這位經銷商此後一直非常賣力地銷售多普達的產品，業績持續成長。

董俊良回到公司後，將這位經銷商的方法與公司同事分享，然後推廣。多普達二〇〇七年在大陸被評為全球奢侈品牌的第二名，僅次於路易威登（Louis Vuitton）。傑出的表現是許多經銷商共同努力的成果，有很多經銷商都像這位蘭州店長一樣，受到很大的激勵。多普達國際在二〇〇七年被宏達電收購。

如何做到讚美

卡內基曾經說過，「我能讓你做任何事情的唯一方法，就是把你想要的給你。」讚美應該是所有人都渴望得到的禮物，是打動別人心弦最有效的方式，沒有人會拒絕別人真誠的恭維。那我們要如何讚美，才能讓他覺得我們很重視他呢？

方法一：懂得觀察

讚美不是諂媚，我們所有的讚美都是源於真誠地欣賞，而要能把握住對方的優異之處，首先要懂得觀察。有一次，我在上海上課時，一個學員走過來問說：「老師，我也認為應該多讚美他人，可是從哪裡開口呢？如果我剛剛才認識一個人，怎麼能讚美得出來呢？」我看了看這位好學的同學，回答說：「也許能做到，你看，我就很羨慕你的聲音，中氣十足，很好聽。」那位學員聽完一愣，然後微笑著說：「真的是這樣，常有人說我的聲音很好聽，可以做播音員呢。」

有時候，我們會聽到別人說：「哎喲，他這個人還能有什麼優點，真是看不出來。我太了解他了，他沒什麼好讚美的！」會不會那個人的確有一些難得的優點，只是你沒有發現呢？

所以，試著細心觀察身邊的人，分析他平時的談吐和行為舉止。漸漸地，你一定能在他身上發掘到別人沒有看到的優點。

每個人都擁有很多長處，透過觀察，我們可以發現比較表面的外貌和比較深入的內在。就像是靶子一樣，越接近紅心，就越靠近對方的人格品行。當我們的讚美不斷深入時，對方受到的鼓舞也就越強烈，你對他的影響力也就不斷加深了。

除此以外，還有另一種讚美的類型，就是讚美對方的潛能。如果你觀察發現了對方潛在的能力及魅力，他一定會很感動的。

方法二：讚美要具體

具體的讚美才有說服力和影響力。例如，你讚美一個人說：「你是一個善良的人。」這句話就顯得有點空洞，對方也不知道你是根據什麼事情來說這句話。

但若你說：「你知道嗎？有一次我意外在電影院門前，看到你拿出一百塊錢向老婆婆買口香糖，老婆婆找你的錢，你也沒拿。我覺得你真是一個善良的人。」這樣就是具體的讚美，說的人是在描述一件事實，聽的人就能感受到你說這句話的誠意。

很多人不善於讚美別人，原因是缺乏練習。練習需要選定目標和對象。在卡內基的訓練中，我常常建議學員，練習讚美的最好對象，就是最親近的家人。一方面，我們讚賞家人，最沒有企圖和目的；另一方面，讚賞家人其實也最困難。

方法三：讚美要大方、要及時

有一個五、六歲的小孩子，整天調皮好動，讓家人很苦惱。一天，他像是突然長大了一樣，自己乖乖地吃飯，主動睡覺。他的媽媽感到十分詫異，就趁著小孩子上床不久的時候進房看了看，跟孩子說了句晚安。就在她即將走出房門的時候，聽到小孩子的一句低聲的自言自語，「難道我今天不是一個乖孩子嗎？」那一刻，他的媽媽很後悔，她沒有及時讚美孩子的表現。即使現在補上，效果也一定不如當場說的好。

讚美要在當下，因為及時給予的讚美，獲得的效果會更好，一旦錯過了時機，讚美所帶來的影響力也要打個折扣了。當你發現別人做得很好的時候，不要猶豫，也不要吝嗇你的語言，立刻告訴他「我很欣賞你」，讓對方在第一時間感受到你的重視和認同。

我有過這樣的經驗。我的母親得了癌症後，我經常寫信給她，和她分享很多生活中的感觸，並把我對她的感恩和讚美，全都放在信中。後來，我聽家人說，母親常向別人提到兒子寫信給她。每次說到這件事，她都十分開心，也很得意。

母親過世後，每次想到她最後在病榻上，讀到兒子的來信，臉上流露出來的喜悅神情，我總覺得，那是我這一生中所做過最值得的一件事情。

方法四：白紙黑字更勝言語

對於身邊親近的人，如果覺得無法輕易地說出讚賞和感謝的話，還有一個好方法，就是寫信。

為了訓練大家更自然地讚美別人，卡內基發明了一種方法：感謝卡。我們把想要給對方的感謝語言寫下來，像節日賀卡一樣送給對方。這樣小小的一張卡片，卻擁有無限大的力量。

一位建設公司的集團董事長，有兩個很可愛的兒子。他對兒子費盡心思，花了很多錢讓他們上學讀書。在卡內基上完「讚美與感謝」這節課後，他寫了兩張感謝卡給兒子們，上國中的二兒子很驚喜，他說：「爸爸，這是我第一次感受到父愛。」

這位董事長一定很好奇，他為孩子們花了那麼多的錢，孩子們沒有什麼感動。他親手寫了一張感謝卡片，兒子們卻十分感動。我想他的兒子們應該覺得，供他們讀書，只要賺足學校需要的錢就可以了，但感謝卡，卻是父親用心為他們做的一件事。父親關心他們的成長與進步，重視他們的感受，真正願意去了解他們需要什麼，而不是需要多少錢。使用感謝卡表達感謝，使這對父子變得更加親密。

感謝卡還可以運用到工作中，讓同事、下屬感覺到你很重視他們。上海博大集團的孫紅總裁在上了卡內基訓練後，對感謝卡的效果非常認同，便立即動筆。她每天提前一小時到辦公室，晚一小時離開，連續三天用小楷毛筆寫信給朋友、合作夥伴及同事。接到孫紅感謝信的每一個人都很快回應，有的還來訪表示感謝，更欣喜的是，業務合作更加緊密，很多後來都成為很好的朋友。

人人都需要感謝與讚美，請大方表達出來，讓你對別人的欣賞，在最美麗的時刻盡情綻放。

第三節

微笑的力量

愛微笑的卡內基

卡內基有過一次難忘的經歷，尚未成名的他走在紐約長島車站的階梯時，看到有三、四十個行動不便的身障孩子走在前面，他們用拐杖很辛苦地一階一階走上樓梯，有些還要有人抱著上去。可是他們卻在快樂地歡笑，這讓卡內基感到驚奇。

於是，卡內基找到這些孩子的老師，這位老師告訴卡內基：「是的，當一個小孩子體會出將要終身行動不便時，會感到難受而不安。可是這種難受不安過去後，他也只有聽天由命，繼續尋求他們的快樂，他們現在比一般正常的兒童還快樂。」

這件事讓卡內基深受震撼，他在日後的書中寫道：「我真想對那些身障的孩子們致敬，他們給了我一個永遠無法忘懷的經驗。」

這個經驗就是，保持微笑與快樂，它們擁有天生的感染力。

美國第三任總統湯瑪斯・傑佛遜是一位很了不起的人，美國獨立宣言就是由他起草的，在當時的聲望極高。

有一次，他帶了幾名官員，騎馬在鄉間出遊，他們看見一座斷橋邊站著一位農夫，正需要幫忙。這名農夫見到傑佛遜一行人，便直接走到傑佛遜面前，請傑佛遜幫忙，希望他一起抱著自己的馬過河。

於是一群人就抱著馬渡過河去。到了對岸，一名部長好奇地問那位農夫：「你怎麼知道要找我們的傑佛遜總統？」農夫吃驚地說：「原來他就是總統先生？我不認得他。」部長不解地問：「既然如此，為什麼你第一眼就選中他？」農夫看看正在微笑的總統，再看看別人：「因為我只在他的臉上看到Yes，在其他人臉上看到的都是No。」

這就是微笑帶給人的力量。

一個人的行動比他所說的話更為具體，而人們臉上的微笑，就有這樣的意味：「我喜歡你，你使我快樂，我非常高興見到你！」

這些內容後來被卡內基寫入自己的教材中，就是卡內基人際關係法則中的重要一條：如果你希望別人喜歡你，記得微笑。

卡內基的一位學員——一個股票經紀人——接受了卡內基訓練的建議，開始練習微笑。當他去辦公室時，會對電梯員微微一笑的說：「你早！」對前台工作人員也投之一笑，去銀行櫃檯換錢時，對裡面的會計，他臉上也帶著笑容，在很多地方，對一些素昧平生的人，他的臉上始終掛著一縷微笑。

這樣沒有多久，這位股票經紀人發現，每一個人見到自己時，都向他微笑。甚至有一位年輕的同事終於鼓足勇氣告訴他，自己曾經認為他是一位凌厲可憎、脾氣極壞的主管，而最近一段時間以來，他改變了觀感。因此，他對股票經紀人說：「你笑的時候，很有人情味。」

股票經紀人向卡內基說了這個故事，卡內基聽了以後，將之寫入自己的書中，告訴更多學員，他在書中提醒學員們說，記得要微笑，那是你自信與熱忱的體現。

「笑不露齒」還是開懷大笑？

有人會問，微笑只是一個小小的動作，可是它為什麼這樣重要呢？在我看來，微笑可不只是微笑，微笑是內在熱忱流露到外在的樣子。如果我們是個有熱忱的人，對世界充滿好奇的人，那麼無論什麼樣的場合，面對什麼樣的人，都能一下子拉近距離，傳播我們的影響力。熱忱是我們對這個世界的愛的體現。

正因為微笑是熱忱的外在表現，所以微笑可以為我們帶來正向的力量。即使是心情不好的時候，拉動嘴角，心情也會被轉動到開心的一面。當我們在努力微笑的時候，態度也隨之改變，正向的力量會重新灌入我們心中，幫助我們趕走煩躁的陰霾。

當我將卡內基訓練引入中國時，發現一個小小的問題，那就是很多中國學員並不習慣微笑。

我們古時候有一個說法叫做「笑不露齒」，某個角度說明了傳統文化中所要求的含蓄內斂，講究禮儀。如今，儘管我們已經從禮制繁瑣的古代進化到了現代文明國度，但很多人對微笑的態度還是保守的。無論是平時的工作還是生活中，很多人都不習慣展露自己的笑容。他們認為，不笑才是正常的，因為沒有什麼事情值得發笑，即使微笑也沒有必要與別人分享。幾千年的文化積澱，讓中國人習慣用嚴肅表達敬重，有時也就忽略了微笑所帶來的親近。人們也不是不熱忱，而是忘了要把熱忱表現出來，要用微笑展現出內心的愉悅。

這一點其實是東方人的共同特徵。與中國比鄰而居的日本、韓國也是這樣，好多人都習慣面無表情地繃著臉。

另外一方面，當下人們工作與生活的節奏越來越快，為了維持生活所需、提高生活品質，需要付出的努力越來越多，無形的壓力隨之增加，也許這會讓人沒有心思微笑。

在我的學員中可以看到，某些學員真的就繃著臉，一點都不肯笑。一次，我在課堂上問學員們：「如果你在工作的時候總是繃著一張臉，在家也掛著一張臭臉，在社交場合中面無笑容，試想，別人怎麼願意靠近你，無形中，你會失去多少機會？失去多少潛在的朋友？」

「也許會失去一些吧」、「但要做到太難了」……台下的學員們此起彼落地回答說。

「那麼你們想不想成為一個令人親近的人呢？」我繼續問。

「想，」這一次，學員們回答得很整齊。

「所以，你們需要的是持續地練習，」我告訴學員們。

在卡內基訓練的課堂上，我們雖然不教學員如何微笑，但我們會選擇一些表演方式來幫助學員拓展自己的表現力，這些表演是請學員模仿老師的表演，扮演一個角色，可能是一位可憐的公主，或者是一位怒氣沖沖的房東。怎麼指定學員們不同的角色呢？原則只有一條，我們告訴老師們，給學員安排與自己性格截然不同的。一個壯漢很可能被安排表演公主，一位溫和的女士則表演憤怒的房東去叱責他的房客。

表演內容設置的時間很短，往往只有三分鐘，台詞相對容易，而又由於極富戲劇性，所以，大多數學員在練習之後都能把角色表演得很好。少部分害羞的人，其他同學們也能幫助他練習和表演。這樣的表演往往在大笑中歡快地落幕，有些人最後甚至還迷上了這種迷你戲劇表演呢。他們也許不能因此成為演員，但至少在他們心中植入了一個想法：不要害怕做自己過去不曾做過的事情，你的表情很有表現力。

我告訴同學們，微笑也是一種能力，需要你去練習，去持續運用。

學員李隆安的「微笑之旅」特別有趣，他是台灣愛普生科技的總經理，是學電子工程出身，極其重視完美和績效，不僅對同事嚴格要求，對自己也相當嚴苛。平常工作時，他總是表情嚴肅，連他自己都自嘲說：「不用扮就是黑臉。」為了盡快提高自己的溝通技巧，他參加了卡內基訓練。課程中的一句話打動了李隆安，「外在的改變可以影響內心」。他決定要練習自己的微笑。

從決定的那天起，李隆安在鏡子上貼了一張笑臉圖，用以提醒自己記得微笑，他每天都要求自己對著鏡子勤加練習。在大約半個月之後，一天，他和高級主管一起開會之後，一位主管對他說：「你很有親切感啊」，其他主管居然也有同感，這讓李隆安既意外又高興。沒想到，從來整天嚴肅地皺著一張黑臉的他，憑藉著微笑，變成了公司裡的白臉。
不僅如此，李隆安還發現自己在其他方面也發生了改變，心態的改變讓他更能發現同事的優點，即使是對於出了錯的下屬，也先微笑肯定對方的努力，再告訴他如何可以做得更好。對未達到績效標準的員工，與他們一起思考，如何能避免問題的發生。微笑讓他看到熱忱的影響力，幫助他創造了愉快和諧的工作氛圍。
還有另外一個學習微笑的例子。台灣日月光集團公司的副總裁周光春，他所在的企業是世界最大的積體電路產品公司之一，為了管理這個龐大的企業，周光春的經驗是：「我會刻意擺臉孔，像一頭獅子進到獅群，樹立自己的威嚴。」曾經有人勸過周光春應該多微笑，但是周光春反問道：「你見過會微笑的獅子嗎？」
二〇一一年初，日月光集團為員工們開辦了卡內基訓練課程。上完卡內基課程後，周光春改變了想法：「如果我有足夠的自信，不需要擺出獅子的樣子讓大家害怕，更不能讓人覺得我會吃掉大家。而是應該讓員工樂於與我相處。」
於是，周光春決定改變，他對自己許下承諾，一年內養成微笑的習慣。他把自己的電腦密碼設為「微笑」，以此來每天提醒自己。
持續了幾個月後，周光春身邊並沒有明顯的變化，大家也沒有立刻用微笑來回應他。周光春對自己說：「我不要求人家對我微笑。我只期望不管外界環境如何，自己能夠保持微笑的狀態。」

就在周光春持續微笑幾個月後，日月光集團遇到一件大事，二〇一一年三月十一日，日本福島發生九級大地震，隨即通訊中斷，面臨核安危機，事後統計死亡人數近五千人。這次地震對日月光的直接影響是，由於其半導體生產中一樣非常關鍵的物料九〇%來自日本供應商，如果日本核電廠發生嚴重事故，那麼大約會有五〇%的物料會停止供應。日月光是全世界最大的半導體生產商之一，這意味著全世界的半導體供應鏈都會受到嚴重的影響。

這對日月光集團是一次非常重大的挑戰。公司立刻成立了一個臨時部門「戰情室」來協調全公司資源應對這一挑戰。周光春在公司裡分管物料供應，這次成為戰情室的統帥。

地震後，日本工廠情況不明、通訊與交通中斷、日月光隨時面臨物料停止供應、訂單無法完成……此時，大家都感到非常焦慮與緊張。

「這種時候，保持微笑本身就像一個笑話，」周光春說。

何況，微笑並不能解決事情。除了主要物料可能中斷供應之外，日本地震還導致了其他輔助生產材料面臨中斷的可能性，兩週後庫存物料將使用殆盡，必須換為其他供應商或品類的材料才能維持基本的生產，這些需要更換的材料大約占物料總量的七〇％，高達兩千多種。戰情室需要盡快找出替代方案並且聯繫相應供應商，這幾乎是一件不可能完成的工作。此時的戰情室真的好似戰備狀態一樣緊張，二十四小時值班、核算、與外界溝通、尋找物料替代品等等。

這些前線的「士兵」最需要的是周光春提出各種好的解決方法。至於微笑，好像在這種情況下並不重要。周光春發現，此時自己完全有理由放棄微笑這個承諾。不過，周光春轉念對自己說：「我今天可以有一個理由叫我不微笑，我改天也可以有一個別的理由叫我不微笑，那我微笑了那麼久，就這樣放棄了嗎？」

周光春想，就把這次挑戰當作一個天賜良機好了，是練習緊急關頭保持微笑的時機。他對自己說：「我用微笑的方式會看到什麼樣的回饋呢？」

於是，在危機發生的當天，周光春首先對著自己微笑，他讓自己冷靜下來，得到地震消息的當天就發出了四十二封電子郵件，給日月光在日本的供應商，詢問他們及其家庭、員工是否平安，並且傳遞關心。

周光春也帶著笑容走到辦公室，面對其他同事。他盡量保持輕鬆的態度，面帶微笑與人說話。有時候，為了緩和緊張的情況，周光春會刻意從報紙上看一些有趣的事情或者笑話，讀給大家聽。

有時，員工計算資料太慢或者出現差錯，周光春非但不責備，反而微笑著告訴其他員工，這位同事昨天工作太晚了，所以剛才注意力不集中，算錯了。這樣的舉措讓同事看到主管願意體諒他們的處境。

最困難的是，每天都有無數的新消息，其中不乏經過諸多努力後的失望和挫敗，這時候，周光春能感覺到自己的臉部肌肉都僵硬了。不過，周光春很快就提醒自己：「要微笑，要微笑。」有時，他真的能在臉上擠出一些微笑，這種微笑後來越來越自然，也越來越多。

說來奇怪的是，這種微笑顯然感染了同事們，大家開始貢獻出自己的想法與意見，也積極地去解決問題。

微笑在此時有了更重要的意味：安定人心。

經過了一個多月，日月光公司有驚無險地度過了這次危機，生產量沒有受到影響。

「幸好我有堅持微笑，」周光春將這件事告訴了卡內基講師，他對老師說：「我不知道微笑在這件事中發會的具體作用是什麼，但可以想到的是，戰情室裡幾十個人看著我的一舉一動，如果這個時候我再繃著臉，他們會更加緊張與焦慮。他們可能會看著我說：『副總，請問您準備怎麼解決？』然後拚命按照我的要求行事。最後的結果是，基本上變成所有的事情會卡在我這邊，而我們要尋找兩千多種物料的備料，這不是我一個人能解決的事情。」

周光春承認，哪怕到現在，他有時還是會忘記微笑，但他知道，保持微笑就能度過困難。

如果周光春在這樣非同一般的情況下還能保持微笑，我們為什麼不能嘗試如此去做呢？也許做了之後，你會發現，微笑就能幫助克服這些困難。

這樣微笑

我有一個朋友的孫子，一歲的小男孩林慕哲，他有一雙圓溜溜可愛討喜的大眼睛。這個還不會說話的小男孩，最大的愛好就是笑。任何好玩的事情都能引得他咯咯大笑。有時候他笑嘻嘻地滿屋子亂跑；有時候他聽大人們聊天笑起來，儘管他什麼也聽不懂，也會跟著大笑。這個可愛的小男孩，讓周圍親人的生活充滿歡樂，長輩們即使偶爾心情不快，一旦看到他的笑，就什麼煩惱都不見了。所以，微笑就是有這麼大的魔力。當你微笑著對待別人時，哪怕你還流著口水、牙牙學語，但在別人的眼中，你就是個天使。

而且我相信，如同林慕哲小朋友一樣，人生下來就有微笑的能力，喜歡見到微笑也是人的天性。瞧瞧每個小嬰兒，笑起來都多麼開心。微笑是人的天性，我們不要說自己本來就不會笑，那只是長大後忘記了而已。

那麼我們要如何才能微笑呢？你會覺得自己笑不出來嗎？那怎麼辦？卡內基有三個建議，不妨試一試。

一、先做出微笑的表情

卡內基曾經提出這樣的建議給那些想要微笑的人：

每次出門的時候，把下巴往裡收，抬頭挺胸，讓你胸中充滿了新鮮的空氣。遇到朋友，微笑問好。與人握手，誠心誠意，別害怕被誤解，也別想不愉快的事。

你要時時想像自己是懷有才幹、待人誠懇、有益於社會的有用之人，有了這種想法後，你會時時刻刻改變自己，使你的人格漸漸變成這種類型。你必須知道，一個人的思維，能形成一股極大的力量。

強迫你自己微笑，在你單獨一人的時候，吹吹口哨、唱唱歌，盡量讓自己高興起來，就好像你真的很快樂一樣，那就能使你快樂。哈佛大學一位已故的賈姆士教授，提出這樣的見解：「一個人的行動該是取決於他的感受，可是事實上，行動和感受是並道而馳的，所以當你需要快樂時，可以強迫自己快樂起來。」

人們都想知道要如何尋求快樂，這裡有一條途徑，或許可以把你帶往快樂的境界。那就是讓自己知道，快樂是出自自己內在的心情，不需要向外界尋求。

這種先微笑，再感到快樂的體驗，我的一位年輕的記者朋友就因為一次奇怪機遇而感受過。這位記者住在北京，一天她加班後回家，當她走出建國門地鐵站時，天色微微發灰，她疲憊地悶著頭走在回家的路上。這時候三位迎面走來的外國人卻叫住了她，他們中比較年長的一位開口對她說：「Hi, smile.」（笑一笑）然後做出微笑的樣子，示意她跟著學。這位女記者一開始覺得很驚訝，她好不容易才弄明白，他們三位就是希望她能笑一笑。可是自己這麼累，沒有任何理由怎麼笑得起來呢？她實在笑不出來。但這三位外國人似乎很有耐心，他們站定，居然開始為她說笑話，還表演一些誇張的搞笑動作。大概三、四分鐘後，看到對方這麼誠懇而努力，於是這個有些困惑且謹慎的姑娘，終於盡量擠出了一個笑容。

這時，那位比較年長的外國人表示滿意地點點頭，友善地對她說：「就這樣，微笑，」然後他們就「放」這位姑娘離開了。她告訴我，她與三人交錯離開後，臉上還掛著剛才的笑容，這時候，她突然覺得，有什麼理由不笑呢？她獨自一人走在夜幕低垂的長安街上，突然就真正地開心笑了起來。

後來，這個姑娘再也沒有遇到這三個外國人，她甚至忘了他們的長相。她還是日復一日地工作，還是常常會在下班之後從建國門地鐵站走回家，但偶爾，走在這段路時，她就會想起自己那個「這條路上的微笑」，然後就會不由自主地開始微笑，心情也會莫名其妙地好起來。

「如果你沒有做那麼一次，你真的不知道，原來微笑真的能化解疲憊，它讓你覺得其他小事也沒什麼大不了的。原來一個微笑的動作能帶來真正的微笑。」這位記者朋友後來對我說。

我們的生活中或許不會有這位姑娘的際遇，沒有人在街上攔住你，讓你去感受微笑的魔力。但是，我們自己就能從展露微笑開始。

二、保持自信

關鍵是，當你微笑時，是否有自信。你是發自內心地微笑，還是為了取悅他人而微笑？卡內基舉過一個例子。有一個女孩叫埃莉諾，長相平凡，不過家中其他姊妹的外貌都很出色，這讓她有點自卑。她每次參加舞會，都害羞地躲在角落，希望別人不要注意到她。

有一天，她想開了，大大方方地站起來，面帶微笑，即使沒有人邀她跳舞也沒關係。結果，人群中出現了一位風度翩翩的年輕男子向她邀舞，她終於不再是沒人理睬的醜小鴨。那天晚上，埃莉諾在日記中頗有感觸地寫下一句話：「未經你的同意，沒有人能夠使你感到自卑。」

這位年輕人就是後來的羅斯福總統，而埃莉諾則成了總統夫人，在美國歷史上扮演了重要的角色。多年後，她始終記得，從她獲得自信的那一刻起，她的內在就如同寶石般閃閃發亮。

只有當你開始喜歡自己，你才能真正地喜歡別人，那種發自心底的愉悅感受，才會在臉上形成燦爛的笑容。

三、擁有熱忱

除了自信，微笑的另一個元素是熱忱。沒有熱忱的笑容，只是一張假面具。熱忱，是生命的火光，這份火光來自我們對外在世界的愛。在工作中，如果你不是真心喜愛這份工作，你表現出來的笑容，一定是不冷不熱，別人看了也不會舒服。

其實，能夠微笑的人，是多麼幸福的人。微笑不只是一種表情，更是一種積極的人生觀，一種面對人生的熱忱。當你面露微笑時，其實是在昭告世人，你過得很快樂，而且希望把這份快樂和所有的人分享。當你能夠把生命的愉悅傳遞到另一個人身上，發現連他的嘴角也泛起微笑，你就成了一個有影響力的人。

飛利達的董事就曾經用微笑傳遞了自己的影響力。

飛利達國際物流有限公司是浙江昆山的一家上市企業，總裁姚勤大概五十多歲，說話簡潔，做事果敢，他能在近二十年前帶領幾個人開始創業，直到如今企業已到達幾千位員工的規模，但是，他對一件事卻感到非常困難，那就是微笑。他脾氣有點大，是員工心目中「老是板著臉」的老闆。

飛利達公司在二〇〇七年讓全體管理階層都接受了卡內基訓練。此後，姚勤一直要求自己要改變，要多微笑。漸漸的，他臉上的笑容多了一些。

二〇〇九年的一天，姚勤遇到一次讓他笑不起來的考驗。當時，一位基層員工用群組的方式發簡訊給所有高階主管，指責他的直接主管包括貪污在內的「幾大罪狀」，這些指責內容在公司員工之間流傳，同事們議論紛紛，在公司中形成了很不好的氛圍。

這讓十分重視企業文化的姚勤覺得很憤怒。而這位被指責的中層管理幹部，當即就表示要辭職以避嫌。

姚勤當天先以簡訊安撫這位被「指控」的下屬，然後第一時間見了他。見面之前，姚勤仍然為這件事造成的惡劣影響而感到憤怒，但是，他提醒自己要記得微笑。於是，當他見到這位處於風暴中心的下屬時，他露出了自己的微笑，這個微笑在姚勤臉上持續了一會兒。

這位中層幹部後來告訴姚勤，在他走進姚勤辦公室之前，既為自己身上發生的事情感到難堪，也為自己受到冤枉而感到不平，這些情緒交織在一起，讓他覺得很悲觀，心灰意冷，只想趕快離開公司，離開這個是非之地。但是，當他走進姚勤的辦公室，令他感到意外的是，迎面而來的是姚勤的笑臉，這個總裁臉上的微笑在此時變得非常特別，他從來不知道，一個微笑可以如此溫暖。這微笑似乎已經向他傳遞了一個資訊：主管是願意去了解事情真相的。他突然覺得沒有那麼忐忑不安。

接下來的談話氣氛變得比較好，姚勤告訴這位中層幹部，未來公司會認真處理這件事情，派專人徹查了解告狀人提到的所有問題，以釐清事情的真相。如果中層幹部是清白的，一定會還他清白。

這位身高一百八十公分以上，平時非常剛強乃至嚴厲的男人，最後打開了自己的心扉與姚勤談話，幾近落淚。

接下來的事情非常順利，這位中層幹部積極地配合公司了解各種情況。經過一段時間的調查之後，事實證明這位中層幹部是被誣陷的。

姚勤了解了事情的真相。同時，在調查過程中，他發現這位中層幹部有很強的工作能力，不久之後，這位幹部獲得升遷，成為了一家分公司的副總經理。

一件在企業內部本是負面的事情，現在變得正向積極。一位本來要辭職的員工，反而成為了企業的骨幹人才。而這些事情的發生，都是因為姚勤在關鍵的時候保持微笑，也發揮了自己的影響力。他領悟到，一位領導者能夠在關鍵時候保持微笑，便是自身領導力與影響力的展現。這能讓人冷靜下來處理事情，也能帶領事情朝更好的方向發展。

在此之後，姚勤還多了一個收穫，他對自己能在任何時候保持微笑產生了更大的信心。現在他常常微笑，沒有人再說他「非常凶」了。

數位化的微笑與熱忱

進入數位時代後，我們的溝通方式增多了。但是我們臉上的微笑卻似乎減少了。電子郵件和簡訊漸漸取代了手寫信，電話的發明也讓兩個人的距離縮短了，但是彼此卻看不到微笑。在電腦的後面，有可能是我們臉上程式化的表情，沒有激情、沒有熱忱，也沒有微笑。科技在為我們帶來方便的同時，也帶來了困擾。這是這個時代不能避免的嗎？人們在追求績效的同時真的不能兼顧微笑嗎？

網際網路擴大了人們的交友平台，一系列的社交網站出現在人們的視線裡，像臉書、人人網、微博，都吸引著各個年齡層的網友互相交流，探討熱門的話題，分享有趣的影片。但是，我們面對的是螢幕，而不是真實的人，也許我們微笑，對方也不會察覺到。這時候，我們是不是還有必要保持笑容，用微笑去加強影響力呢？

答案是肯定的。當我們微笑，更多人可以感受到源於我們的快樂。即使沒有面對面的交流，我們仍然可以傳遞微笑。

全世界最大的影片分享網站YouTube 曾經做過一個調查，在YouTube所有播放的影片中，最受大家歡迎的影片絕大部分都與笑有關。可見，即便在網路上，我們不能面對彼此，但也同樣歡迎笑容。

有社會調查表明，含有積極情緒的文字畫面被分享的頻率要高於含有消極情緒的。在網站上分享樂觀正向的東西也是表達微笑的方式，因為微笑是熱忱的外在表現，分享能為別人帶來快樂的東西，也是在傳遞快樂。

發電子郵件的時候，看似平常的詞語選擇、語氣的變化、事件的描述都受內在熱忱的影響。我們用文字的形式將內心態度表達出來。如果我們在寫郵件的時候面帶微笑，心情愉悅，那麼收到我們郵件的那個人也會感受到，也會因為我們的微笑而快樂。在現代社會中，微笑變得數位化，可以投射在郵件上被傳遞出去。

打電話也有同樣的作用，電話兩頭的雙方雖然沒有見面，但我們可以根據詞彙和語氣感受到對方的心情，態度有時候比詞語表達得更豐富。電話還可以傳遞笑聲，當你微笑的時候，對方雖然看不到，卻可以聽到你的笑聲。這樣，你打電話時的微笑，就不再是單向的，你可以引起別人的反應，獲得共鳴。

淘寶網是個很有意思的現象，在我看來，它幾乎是網路上人際溝通的典範，在最初沒有著名品牌、沒有原始口碑累積的情況下，很多商家只能依靠良好的溝通來取得顧客的信任與支持。在淘寶的客戶服務中，笑臉的圖案是運用得最多的。還有一個字，「親」，也成為淘寶的獨創語言。這個字背後，幾乎就讓人感覺到一個笑臉，一種接納的態度。

卡內基先生曾經在書中寫過一則關於微笑的故事，我覺得可以用在實體生活和網路上，那就是弗雷克‧依文在為考林公司所做的廣告中的幾句話，聖誕節一笑的價值：

它不需要耗費些什麼，可是卻有很多收穫。

它使接受者受益，施予者也無損失。

它發生於剎那，可是給人的回憶卻永遠存在。

任何有錢的人，不會不需要它。而貧窮的人，卻因它而致富。

它在家庭中能產生快樂的氣氛；在生意買賣上，能製造好感；在朋友間，是善意的招呼。

它使疲憊者有了休息；使失望者獲得光明；使悲哀者迎向陽光；使大自然解除了困擾。

它無處可買，無處可求，無法去借，更不能去偷。當你尚未得到它前，對誰都是沒有用的。

如果在聖誕節，最後一分鐘的忙碌中，我們的店員或許太疲倦了，以至於沒有給你一個微笑，能不能留下你的微笑？

因為沒有給人微笑的人，更需要別人給他微笑。

所以，請微笑。

第四節

真誠地站在他人的角度去了解一切

如何讓對方同意自己

善於處理棘手的人際關係讓卡內基在生命的後四十年聞名全美，但是在他生命的前三十年裡，這卻不是他的特長。相反的，他在這方面有一些不愉快的經歷。

有一年，當時卡內基還沒有創辦自己的事業，他常常到家附近的公園優閒地散步。不過，這座卡內基喜歡的公園好幾次被火燒了。這些火不是來自粗心的吸菸者，就是來自野炊的孩童。由於太喜歡這座公園，所以卡內基經常到公園「巡邏」，想發現火災的隱患。

一天，他照常在公園散步，遠遠地看見有孩子在樹下生火野餐時，他立刻趕到樹下。他嚴肅地警告面前這一幫喊喊喳喳的孩子們，樹下生火是要被拘禁關起來的。所以，要麼他們把火熄滅，要麼就把他們抓起來。

孩子們怒氣沖沖地遵從了卡內基的「建議」，熄滅了火種，可是當卡內基離開後，他們又生起火來，甚至還想把整個公園燒掉。

卡內基當時並不知道如何處理這樣的問題。實際上，很多人在生活和工作中都常常遇到同樣的問題：無法說服對方同意自己的意見，也無法開展一段更好的合作關係。

不同的是，卡內基決心解決這個問題。

後來，當卡內基著手準備卡內基訓練時，開始收集別人的人際關係好經驗。這些好經驗中，包括一位經紀人的經歷。這是一位美國著名音樂會經理人，他叫霍洛克，他在這一行幹了二十多年。眾所周知，藝術家們總是有一些令人難以忍受的脾氣，這位能夠和頂尖藝術家友善相處的經紀人告訴了卡內基一個故事，那是關於如何令世界低音歌王嘉利賓改變主意的故事。

霍洛克是嘉利賓的經理人，幫助他安排最有價值的演出，解決他演藝生涯的種種問題。然而使霍洛克傷腦筋的是，嘉利賓本身就是一個問題，他的行為就像一個被寵壞的孩子般糟糕。

有一次，在嘉利賓晚間音樂會之前的幾個小時，霍洛克接到來自他的電話，電話那頭說：「我喉嚨沙啞得很厲害，今晚我不能登台演唱了。」霍洛克不打算與嘉利賓爭辯，他立即趕去嘉利賓住的旅館，顯得十分同情的說：「我可憐的朋友，那是多麼不幸。當然，你是不能再唱了。我馬上去通知取消今晚的節目，你雖然損失了兩、三千塊錢的收人，可是跟你的名譽相比，那不算什麼。」

嘉利賓聽完後，歎了一聲，然後說：「你等一會再來好了，下午五點鐘來，看那時我的情形怎麼樣。」

到了五點鐘，霍洛克先生去看望嘉利賓，他堅持要替嘉利賓取消表演。可是嘉利賓說：「你晚一點再來看我，到那時或許我會好一點。」

到了七點半，這位低音歌王終於答應登台了。他唯一的條件就是要霍洛克先走到台上，向聽眾報告，說嘉利賓患了重感冒，嗓子不好。霍洛克照辦了。音樂會按時舉行，而且很成功。

「同情對方的意念和欲望。對他們可笑、古怪的脾氣或者願望，需要徹底的同情。」這就是霍洛克的經驗。霍洛克接觸到每一件事時，都會替別人著想，而且以對方的觀點去觀察這件事情。他體會到嘉利賓的感受，而不是反對他，結果達到了他的預期。

卡內基了解了這個故事之後，原原本本地將它記錄下來，後來這個故事作為很有說服力的案例出現在卡內基關於人際關係的書中。

在卡內基尋求人際關係方法的過程中，他也聽到哈佛大學商學院院長陶海姆的一段話，這位院長說：「當我要跟一個人會談前，我願意在那人辦公室外面走廊上，來回走上兩小時。那是我要把我所說的話，想得更有條理，以及我代他設想他會如何回答。」

在總結了很多人的經驗之後，卡內基得到一個結論：有這樣一句話，可以立刻停止爭辯，消除怨恨，製造好感，使人們注意聽你談話的語句。那就是這樣說：「對你所感覺到的情形，我一點也不會責怪你，如果我是你的話，我也有同樣的感覺。」這樣一句簡單的話，就算是世界上最狡猾、最固執的人，也會軟化下來。不過，這句話必須是真誠的。

了解這一點後，卡內基越來越不會命令他人，而是開始常常從他人的觀點去看事物。他處理事情變得越來越順利，他甚至想像，如果現在還能回到當時，在公園裡看見玩火的小孩子，他會有更好的處理方式，他也許會這樣說：

「小朋友，你們玩得高興嗎？我小時候也喜歡生火野餐，現在想起來還覺得滿有意思的。你們知道公園裡生火很危險，不過你們都是好孩子，不會惹出什麼麻煩。可是別的孩子們也許會學你們，如果他們回家時沒有把火熄滅，就很容易把乾燥的樹葉點燃，結果連樹也燒了。

我希望你們玩得高興。只是你們最好別讓火太靠近樹葉，同時你們回家時，別忘了在火堆上蓋些泥土。如果你們下次還想玩，我建議你們去那邊沙堆起火，好不好？那裡就不會有危險，小朋友，謝謝你們，希望你們玩得開心。」

卡內基不無遺憾地想，如果當時自己就能說出這樣的話來，相信那些孩子會很樂意和自己合作，而不是感到有人強制自己服從命令。

不過，卡內基仍然有機會彌補這個遺憾。甚至可以說，這樣的機會還很多。

卡內基租用紐約一家飯店裡的大舞廳舉辦一場演講研究會，每一季租用二十個晚上。事情一直很順利，直到有一季開始的時候，卡內基突然接到那家飯店的通知，要他支付過去三倍的租金。而此時卡內基已經印發了演講研究會的入場券。

於是，卡內基去見飯店經理。

卡內基早就不再是當年公園裡神色嚴肅地命令小孩子的人了，如果他還是，他只會闖入經理辦公室，跟他理論：「我入場券已經印好了，你突然增加兩倍租金，這太不近情理，我不付。」之後，雙方可能發生激烈的爭論。

幸好，此時的卡內基已經懂得如何與人相處，所以，他完全沒有提到減少租金，他說的都是對方的需要，以及應該如何得到它。

卡內基見到經理後，沒有責怪他，而是說：「我不會怪你，如果我們易地而處，我也會寫出這樣類似的信。你的工作職責要求你想辦法讓飯店增加營收。現在我們拿出一張紙來，寫上提高租金帶來的利和害。」

然後，卡內基拿出一張紙，經過紙上的中心點，劃出一條線，上端寫上「利」，另一端是「害」。

卡內基在「利」的那一行下面寫著「舞廳空著」幾個字，然後接著說：「你可以把舞廳出租給跳舞之類的聚會，收入會更高。」

卡內基把筆移到「害」的下方，接著寫，「由於租金太高，我只好離開，而我的演講研究會能吸引上層社會知識分子到你這家飯店來，他們正是你們的潛在顧客，事實上，如果你付出五千元的廣告費，也不會有我研究會演講班裡的那麼多人來，這對你來說是很有價值的，是不是？」

然後，卡內基把寫有這兩項意見的紙條交給經理，又說：「這兩種情形，希望你仔細考慮一下，當你做最後決定時，請通知我。」

第二天，卡內基接到那家飯店一封信，宣布租金只加五〇％，而不是三〇〇％。卡內基留了下來。雙方均得償所願。

卡內基在自己的訓練課上提供了一個建議，關於人與人之間建立關係的藝術，他告訴學員們：「如果有一個成功祕訣的話，那就是如何站到對方立場的能力；由他的觀點設想，正如同你自己的觀點一樣。」

這個辦法聽上去很簡單，任何人都容易找出其中的道理來。可是，世界上九〇%的人，有九〇%的時候，都把這件事疏忽了。許多人受過大學教育，鑽研深奧的學問，可是他們從沒發現到，自己的心是如何起作用的。

卡內基給學員們的建議是：我們希望別人完成一件事的時候，不妨閉上眼睛稍微想一想，把整個情形由對方的出發點來想一想，然後問自己：「他為什麼要這麼做？」是的，那有點麻煩，需要費些時間。可是，那樣做會獲得更多的友誼，會減少原來該有的摩擦，和那些不愉快的氣氛。

所以，如果想要獲得人們對你的認同，重要的規則是：要真誠地以他人的觀點去看事情。

你會樂於這麼做

真誠地站在他人角度了解一切是一個目標，聽上去似乎難以執行，但實際上並不費力，而且當你習慣如此之後，這樣做還會帶給你好的感受呢。

在英文中，「關心」是interest，這個詞還有好奇、感興趣的意思。所以，人要關懷別人，首先要做到的是，對別人感興趣。

有一天，我遇到一位以前上過我課程的女學員，我對她說：「我記得你的兒子。他是龍年生的，跟我相差了六十歲。他最近好不好？」

這位女學員聽我這麼一說，嚇了一跳，說：「黑老師，你怎麼記得那麼清楚？」

卡內基訓練在台灣高雄有一個著名的K8班，這個班級的同學們在二十年前參加了卡內基訓練，是當時的第八班，所以我們叫它K8。這個班的同學畢業後，還保持定期聯絡，感情很好，彼此就像家人一樣相互照顧。

大概在他們畢業十年後，那一年我在高雄，恰逢他們聚會。於是我也去參加。他們大概有十五個人左右，我看到這些闊別重逢的學生們，很開心地一個個叫出他們的名字，與他們一個個打招呼。你知道他們聽到時有多開心嗎？那一屆他們同學會會長叫施靜旺，我對他說，我還記得你當時上課時，你的簡短談話講了哪些內容，他聽完非常吃驚，也非常感動我帶過那麼多卡內基的班，面對過那麼多的學生，為什麼我可以把他們記得那麼清楚，難道我有超人的記憶力？

其實，我的記憶力並沒有特別好。我會記住別人一些特殊的背景或習慣，是因為我對於了解別人這件事，比較感興趣。因為感興趣，所以看待事情的態度就會變得不同，印象也會變得比較深刻些。可見，要關懷別人，出發點一定是對別人感興趣。

曾經有一位經理人對我說，他最想關心的人是他的父母。可是每當他回家，想表達對父母的關懷時，都沒有話題可講。因為他平時不太待在家裡，但是在內心深處，又總是認為自己應該陪陪父母親。

這種矛盾的情緒一直困擾著他。後來他來卡內基接受訓練，認為自己應該可以想出一些辦法來。

靈機一動，這位經理人想到，他可以從父母喜歡的事情著手。他知道爸媽最喜歡打麻將，於是跟太太兩個人，和父母約好一起打麻將。「我爸爸一上牌桌就像是變了個人，有說有笑，話特別多。」這位經理人事後對我說，他覺得自己用對了方法，找到讓父母親感受到關懷的途徑。

我還記得，過去我帶康柏電腦的班，有一位學員，想為父親在西雅圖的飛行學校報名上課。因為他的父親年輕時曾經是飛行員，他想盡一點孝心，讓父親重溫舊夢。而他選擇的方式，就是以父親最喜歡的事情來表達他的關懷。

所以，我認為，人除了要有關心別人的心，還要懂得如何付諸行動，才算是真正關懷別人。

懂得關懷別人的人，即使沒有得到任何實質的回饋，但是他在付出關懷的那一刻，證明自己有一顆溫暖的心，就已經是一個快樂的人了。所謂「施比受更有福」就是這個道理，關心他人，自己的道路也會更順利。

七、八年前，經濟部邀我去演講。到了演講的那天，我一早就到了經濟部，但在會客室等了很久之後，承辦人跑出來向我道歉，請我再等一下，因為長官們還在開會，耽誤了時間。

於是我繼續等，這一等居然到了中午，最後主任祕書親自出來，說：「黑先生，真是對不起，部裡有幾件重要的事情需要討論，只好取消今天的演講。」

一般人遇到這種場面，一定會很不高興。但是，我試著用他們的立場來看這件事，畢竟經濟部是個非常忙碌的部門，也許剛好有什麼緊急的事務得處理。臨時要取消演講，他們一定也很不好意思。

我心裡這麼想，心情就輕鬆多了。離開時我還跟那位主任祕書說：「真的沒關係，我可以理解你們業務的繁忙。」

沒多久，我又接到經濟部的演講邀約，我欣然接受，再一次赴經濟部演講。

結果這次反應非常好。我講完後，蕭萬長部長就大力稱讚卡內基的訓練課程。後來經濟部開始找卡內基辦訓練課程。口碑傳開後，不僅是經濟部裡的各個司，連中科、中船、台電、台肥、台鹽等單位，許多高級主管或是經理人都成了卡內基的學員。

每當我回憶起這段往事，不免感到人生的奇妙，沒想到當時對他人的理解，竟產生了如此深遠的影響。

相較於卡內基其他人際關係的方法，「真誠地站在他人的角度考慮一切」這條原則需要我們付出更多的智慧。每個人也許都有自己的方法去實踐這條原則，這往往會構成一個人獨特的行事風格。

潘為早在十幾歲的時候就參加了卡內基青少年訓練，現在他是好點子創意群品牌設計公司的創始人兼創意總監。

他的公司才創立不到八年，員工不過十餘人，已經七次獲得了德國設計的大獎——iF

與紅點設計獎。在台灣，之前只有一家有二十幾年歷史、上百位員工的設計公司獲得過如此殊榮。

潘為為何能夠得到如此重要的獎項？他的答案是：「我們工作中很重要的內容是，聽得懂客人在講什麼，然後站在他的角度考慮問題。」

潘為認為，也許客戶不懂設計，但自己的設計是為了幫助客人達成他的目的，所以如果沒有聽懂客人究竟要什麼，哪怕設計再好，對他一點幫助都沒有。所以，需要站在對方的立場上去考慮，他們想要什麼。

這樣的想法，不僅幫助好點子在初創階段立足，而且還幫助他們成為一間非常棒的公司。

二〇〇八年夏天，在高雄一間會議室裡，潘為與同事向面前的客戶提交設計方案。客戶企業的總裁看過提案後說：「你提的這些東西我覺得一點創意都沒有，你們的水準不高，乾脆就不要做這個東西了。」

潘為和同事當時愣了一下，但是，他們仍繼續聽下去，聽完了客戶對設計的要求和想法。然後潘為和同事禮貌地道別離開。

上了車後，潘為和同事開始歎氣。也許有些人遇到這樣的情況，會埋怨客戶的挑剔，但是潘為的想法不同。在青少年時期參加卡內基訓練，已經讓「從他人角度看待問題」成為自己的一個習慣。

「客戶不是故意挑剔，如果我自己是客戶，也希望看到的是新穎、獨特的設計，」他這樣安慰自己與同事。

「真的從別人的立場去想這件事，意味著強迫自己去面對（他人的指責）這件事情，然後才有方法去解決問題，」這是潘為的經驗。

於是，潘為和同事開始考慮，怎樣可以做得更好。

決定改變之後，潘為和團隊開始討論怎麼做。憑藉經驗與創意，經過多次腦力激盪之後，他們想到改變的方向：從包裝本身的結構入手。通常包裝設計都是針對外觀的設計，那麼，何不將包裝盒的結構本身變為設計的一部分呢？於是，潘為放棄使用現有的盒子，而是從思考盒子的功能開始著手設計。於是，潘為和同事們到了製造包裝盒的工廠，拿了很多材料做實驗。整個設計的工作流程為此做了改變，進行無數次試驗後，潘為做出了一個特別的盒子，它的結構就是它的設計。客戶看到了非常滿意。

「我覺得那是好點子的一個轉捩點，在那之前，我們是一家小的新興企業，在那之後，我們成為有自己的特點、做結構很強的一間公司。」潘為告訴我。就以此為起點，潘為的設計很快在眾多設計作品中脫穎而出，他的業務很快從台南擴展到整個台灣，乃至海外。他在二〇一一年一口氣贏得了三座ｉＦ包裝設計獎（一家公司奪走超過五％的獎項）。

「當我願意聆聽、了解對方的立場，並且真誠地關心他的需要，這一切就發生了。」潘為說。

潘為由於善於站在對方的立場考慮問題，形成了自己的企業風格。而當個人在工作中運用這個原則時，便形成了個人風格。

能站在他人的角度去對待同事、對待下屬，也會收到很好的效果。吉崇星今年三十七歲，他在二〇〇八年時，是新希望農牧有限公司的總裁，吉崇星從銷售人員一步步成長，成為這家企業的管理者之一，二〇〇八年，他晉升為一個大型團隊的新任領導者。按理說，他應該非常高興，但他卻心事重重。因為他所要率領的團隊，由於連年業績下滑而士氣低迷，而吉崇星自己的工作方式比較直接，只顧埋頭做事。說話過於直接，讓他的工作受到很大的阻力。

吉崇星想起了自己參加卡內基訓練時所學習的溝通方法。他想，該是改變自己改善溝通方法的時候了。

一天，吉崇星在會議上向下屬分配工作，話才剛說完，一位區域經理就跳起來說：「不可能，這項工作我們不可能完成。」這讓新官上任的吉崇星臉上很沒面子。如果是過去，吉崇星可能訓斥下屬，要求他遵守公司規定，完成任務。但吉崇星想到，自己應該站在下屬的角度來看看，為什麼他要如此做。於是，當時他按捺住自己的怒火，什麼也沒有說。會後，他想，自己是新官上任，而下屬在這個職位上已久，也許他有什麼難處才無法完成任務，只是自己不知道而已。

於是，吉崇星在下班後約這位帶著反抗情緒的經理一起吃晚飯，邊吃邊與他聊天。

這位經理似乎仍然帶著不好的情緒，他向吉崇星抱怨分配到的任務太重，而得到的支持太少，吉崇星耐住性子傾聽，在吉崇星這種態度的鼓勵下，這位區域經理就把自己因為在工作中屢屢受挫，變得缺乏信心、態度消極的前因後果說了出來。

吉崇星這才明白，這位區域經理有目標，只是缺少信心，於是，他告訴對方，自己剛做管理時是如何手忙腳亂、焦慮、犯錯，不過「困難，是向上的階梯」，吉崇星在講完自己的經歷後，同時也給對方打氣。

區域經理聽完後，工作態度果然有了很大的轉變。他不僅承擔了任務，還用同樣的方法關心下屬，獲得同事的支援和配合，團隊協作能力也大大加強，區域業績在不久後就有很大的改善。

二〇〇九年到二〇一〇年，吉崇星帶領的團隊，業績從下滑轉變為成長一〇%，二〇一一年更是成長了四〇%。「如果你願意真誠地站在他人的角度理解他們，發掘每個人的潛能，幫助他們改善自我，而不是不停地進行人事調動，才是一個管理者該做的事，」這是吉崇星告訴我們的感受。

這些都是站在他人立場了解一切的真實案例，效果出人意料的好，是不是？我相信這並不難，如果你願意去做。

消除冷漠

每天，我從台北家裡開車到卡內基辦公室，沿途會經過高聳的一〇一大樓，它的玻璃幕牆在晨曦中反射出金色陽光，經過台北火車站那古老而莊重的建築，經過樹蔭低垂的忠孝西路，再拐一個彎，就到達卡內基訓練的辦公室。這條路我走了好多年，我有時會停下在附近的誠品書店買本書，有時會帶朋友到路旁小攤子吃碗牛肉麵。很多時候，我能清晰地感受到自己對這片土地依戀的情感，台灣對我而言遠不止一個地名，而是承載了我生命無數點滴，包含我深厚感情的地方。

同樣的，這種難以言喻的生命之情在多年以後，當我踏上另外一片土地時再次出現。二〇〇二年，在已經往返幾次中國大陸之後，卡內基訓練上海分部正式成立——我上一次在這裡居住是六十多年前，那時我八歲——我再次在這座城市工作與生活，看到熟悉的弄堂，同樣講國語的人們，我感受到，中國大陸這片土地也是我所處的環境。

所以，無論是當年我引進卡內基訓練在台灣站穩腳跟，落地開花後，還是在中國大陸推廣卡內基訓練，這種濃郁的鄉情，潛移默化地推動我在想一個問題，我能為這個生活的社會做些什麼？卡內基訓練能為社會提供什麼？

因此，你可以想像，無論我對「真誠地站在他人的角度看待問題」這一條原則有多麼重視，都毫不奇怪了。因為，這不僅僅是個體建立人際關係的需要，也是時代問題的一個解決之道。

從二〇〇〇年開始，台灣的經濟不景氣，社會也瀰漫著一股冷漠的氣氛。每次讀報紙，發現很多社會案件發生時，常有人袖手旁觀。

我後來在中國大陸也看到類似的現象，報紙上會刊登老人摔倒後無人攙扶，或小偷在眾目睽睽之下行竊的新聞。

台灣作家朱大可形容台灣社會是「被錢和物欲吹漲的『盛世』」。在大陸，經濟發展像車輪般飛速旋轉的同時，很多東西也被甩了出去。大陸一本著名雜誌《新週刊》描述說，大陸現在的社會狀況是，人們「依賴科技而不是彼此，羨慕別人而看輕自己，對社會缺乏信任、對城市缺乏認同，年老者無所依靠、獨生子女孤獨長大，有人患上憂鬱症，有人背井離鄉、情感無著，有人為聲名所累而隱，有人選擇獨善其身。多元價值觀的眾聲喧嘩之下，『價值虛無』成為現實難題」。

我在想，這種現象，一方面是時代發展所造成的，另外一方面，在這種時代發展的條件下，我們從小所接受的教育，就是要用功讀書、考高分、拿第一名，卻忽略了一件更重要的事：如何關心他人與社會，如何對他人付出我們的關懷。

於是，社會上就出現了許多聰明、表現優異，卻吝於對他人付出關懷的冷漠心靈。冷漠與孤獨，或許就是一種「現代病」。

這種隨著工業化開始出現的現代病，在世界其他地方的不同時期裡也出現過。大西洋彼岸，梭羅曾經感到「城市是一個幾百萬人一起孤獨生活的地方」。在日本，我看見一位叫奈良美智的畫家畫出的怪眼娃娃受到很多人喜歡，因為他們從中看到了孤獨脆弱又倔強要強的自己。

我們無法改變社會發展的大趨勢，停止工業化、城市化的腳步。但是，我們也不能任由城市輾過社會的溫情，讓它變得冷漠，讓身處其中的人們變得孤獨。

這並非我們需要的社會。有很多人渴望改變，台灣在二〇〇二年由紅十字會、國際扶輪會等機構共同舉辦了「反冷漠運動」，在台北許多熱鬧的街頭舉行簽名活動，希望能喚回大家關懷他人的意願。我聽說，連紅十字會總會長陳長文都親自上陣，張開雙臂，攔住過往的路人，請大家簽名支持反冷漠。

在中國大陸，這些年公益機構與組織迅速發展，其中很多都是為了鼓勵社會大眾對他人乃至對動物付出關懷。

我們的內心都渴望改變這種情況，也渴望得到一個更好的社會。

有一個住在南投的朋友告訴我，經過九二一大地震之後，他的人生觀徹底改變了。在地震發生之前，他是個性情冷漠的人，人生的目標就是賺錢而已。這場地震，讓他第一次那麼真切地親眼目睹死亡。他深深體悟到生命的脆弱，他了解人生中還有很多比賺錢更重要的事，包括幫助別人、關懷別人。於是他開始參加很多心理治療和災後重建的工作。這樣的感受，我聽大陸經歷過汶川地震的人也談到過。

也許我們平時沒有機會參加社會性的連署或者其他公益活動，也希望永遠不要像我的朋友一樣在經歷大災難後才醒悟。但我們還有其他很多方法來改變，來營造一個不那麼冷漠，甚至充滿關懷的小環境。

其中有一個我認為很重要的辦法，就是「真誠地站在他人的角度看待一切」。理查・耶茨說，「我想所謂孤獨，就是你面對的那個人，他的情緒和你自己的情緒不在同一個頻率。」如果我們站在他人的角度看待一切，我們就能與他人處在「同一個頻率」裡。這樣，彼此就會有作伴的感覺。

因為關懷，人和人之間，才能建立起情感的聯繫。而人與人之間的影響力，要透過這樣的聯繫才能發揮作用。

如果每個人從自己做起，學習從他人的角度看待問題、進行合作，就會帶給對方切實的關懷，讓事情變得順利，生活也會隨之輕鬆。當然，最終大家都能感受到生活在一個互助互賴社會中的安全感。

台南崑山中學的吳柏喬董事長就是運用「真誠地關心他人」這一原則，不僅讓工作變得順利，還影響了身邊的環境。

崑山中學是一所私立中學。當吳董事長從父親手中接手管理這所學校時，招生情況並不理想。他希望自己上任以後能改變這種情況。

在台灣，成績不夠好、考不上公立中學的學生，才來讀私立中學。吳董事長想，很多學生畢業之後擁有的最高學歷可能就是崑山中學，很多家長希望學生能在學校裡學到一技之長。同時，來讀私立學校的孩子，他們當中一部分人的家長不太了解自己孩子未來的成長方向，對於如何教育孩子也會感到不知所措。

了解到這些需要以後，吳董事長決定，由學校多承擔孩子成長的責任。

為了做到這一點，吳董事長將學校的資源做了重新分配，所有的調動都圍繞著一個核心：從家長與孩子的角度來看他們需要什麼，然後提供給他們。崑山中學請每個老師加入招生組，他們對自己招進來的學生，在未來三年內都要承擔起照顧的責任。這種方法在其他學校並沒有試過，但是對家長而言，這樣一來，他們知道有自己熟悉的老師在關注孩子，就會放心很多。

接下來，吳董事長和老師們一起討論出一套比較完善的學生服務制度，並成立一個學生、家長的服務中心來實施這套制度。這個中心的老師，需要了解學生未來的規劃，然後根據這個規劃運用資源，幫助學生實現自己高中階段的目標。

他們所有的老師、職員都認為在卡內基訓練過程中點燃了熱忱，讓他們真能站在他人的角度來設想。後來崑山中學也為學生幹部舉辦了卡內基訓練。

崑山中學還設置了十幾種實用的技職課程，包括設計、美工、多媒體動畫等，雖然類別較多，師資以及設備都給學校帶來很大的資金壓力和管理困難。但是，吳董事長認為，這在未來能帶給學生更好的職業選擇，所以還是創造條件開設了這些科別。

做了這些以後，第二年招生報名的那天，吳董事長在辦公室有些忐忑地等待報名的情況，接著，就有老師不斷來報告好消息：「報名處人山人海」、「非常多的家長來報名」。最後，這一所在上一年錄取九百名學生的學校，今年一下子就達到了招生人數上限。之後，招生人數逐年增加，還有很多家長要「擠進」崑山中學。從此，崑山中學一直在在台南排名第二，發展越來越好，得到更多家長及學生的認同，朝向更精緻化的教育。

吳董事長與崑山中學所獲得的更大收穫是，由於施行出於關懷的各種政策，這所學校成為一所充滿溫情的學校，老師與家長像朋友一樣經常溝通，學生也願意與老師商量自己未來的發展。當崑山中學遭遇水災時，很多家長都自發地趕來相助，為救災的老師送食物，幫助他們做些工作，讓老師們非常感動，他們才知道，原來自己日常付出的點滴，家長們都記在心裡，並且因而在心中接納他們，也接納了崑山中學。在鄰里相望的台南社會裡，崑山中學成為附近居民心目中「優質的社區學校」。

可以看到，當一個人願意站在他人的角度了解一切時，可能感染一個機構中的大多數人都願意這麼做，進而延伸到機構所處的社會環境中。所以，如果我們希望讓社會充滿更多的關懷與善意，不妨就從自己做起，從真誠地站在他人的角度了解一切開始。

高雄K8班的學員畢業後，每隔一到兩個月都定期聚會，現在二十二年過去了，他們見證彼此結婚、生子、經歷人生的坎坷與成長，相互間親如家人。我最近一次是二〇一一年在台南見到他們，這些五十多歲的人聚在一起，和年輕人一樣，玩得特別高興，一起開玩笑、唱歌、烤肉。他們的友情真是非常令人羨慕。

別說是一個團體十幾個人，就是一對夫妻要維持二十年和睦的感情都非常不容易，正因為如此，友愛的K8如同一個傳奇。

在人與人的關係中，並非沒有愛，但是，我們的愛常常受到各種現實狀況的考驗。如何面對這些考驗，則是友誼是否能成長的關鍵。

K8班的友誼也有過無數次的考驗，他們當中有一位同學，因為標會失敗，便透過同學們的信用去標會，再次失敗後，令很多同學的經濟都遭受了損失。

他們這個班級，平時聚會時會原汁原味地複習卡內基的課程、進行簡短講話，所以，他們對於卡內基原則非常熟悉。當發生這次信任危機後，其他同學們沒有責怪這位女同學，而是不約而同「真誠地站在他人的角度考慮一切」。如果站在這位女同學的角度看，她有非常大的困難才做了這樣的事情。「也許，當我遇到這樣的困難時，也會不知所措地做出錯事吧？」大家用這樣的想法來理解這件事。於是，其他同學不僅沒有責怪她，還繼續幫助她、接納她。

這位同學後來非常勤奮地工作，還清了欠款。而這位同學在此後十多年，一直盡心盡力地承擔起組織班級活動的工作，她非常關心同學們，漸漸地成為班級的靈魂人物。

這些挫折反而成為人際關係成長的契機，K8的一位同學時高信就告訴我：「逐漸成熟、不斷成長的人際關係，伴隨了我生命的成長，帶給我信心。」

只有真誠地站在他人的角度考慮一切，友誼才能長久，現在，K8畢業二十二年，已經舉行過兩百多次聚會，我相信他們的友誼還會一直這樣醇厚。

第三章

減少憂慮與壓力的四大原則

第一節
活在今天的方格裡

上個世紀初期，在美國密蘇州的偏僻鄉間，戴爾・卡內基從小就在貧窮的家庭中長大。他的父親是一位宿命論者。正因為如此，卡內基在童年與少年時代都非常缺乏自信，即便他長大一些，在就讀瓦倫斯堡州立師範學院之後，還因為演講比賽屢屢碰壁而一度想自殺。

但他沒有自殺，而是打算再試一次。既然已經到了最壞的時候，卡內基反而可以孤注一擲，除了演講，不再考慮其他——無論是自己艱難的環境，還是失敗後同學們嘲笑的目光。由於有了這個想法，卡內基反而能不顧一切地去練習演講技巧。正是因為如此，專注於演講練習的卡內基反而獲得了成功。一九〇六年，卡內基獲得了勒伯第青年演說家獎，隨後全院師生就對他刮目相看。

卡內基感到憂慮漸漸離自己遠去。這並非僅僅由於演講的成功，而是由於他有了這樣的成功經驗：憂慮已經不能再對他的行為造成巨大影響。

卡內基決定將這段經歷也納入課程的內容中，拓寬授課範圍。在其中一堂課上，卡內基對學生們講述了自己的成長經歷，講出自己的困苦和憂慮，談到那些不眠的夜晚、各種挫折和打擊，還有自己的奮鬥。這堂課獲得了學生的好評。

卡內基受此啟發，之後將「如何解決煩惱」納入課程。將自己的一些方法與研究成果教給學生使用。當學生們實際使用之後，再將結果在班上報告。

在卡內基的人生經驗中，他尋找到克服焦慮的第一條重要結論是：「最重要的是，不要去看遠處模糊的，而要去做手邊清楚的事。」

那個在學校河畔像瘋子一樣練習演講的青年卡內基，正是憑藉這個方法，才克服了心中的恐懼和壓力，獲得演講比賽冠軍。

在後來授課時，卡內基根據自己找到的資料與研究，整理出結論。他將這個方法稱為「活在今天的方格裡」。具體來說，這個方法是這樣的意思：

明天的重擔加上昨天的重擔，必將成為今天的最大障礙。而未來就在於今天，從來不存在於明天，人類得到拯救的日子就在現在。精力的浪費、精神的苦悶，都會緊緊伴隨一個為未來擔憂的人。所以，遇到麻煩的人所要做的是，養成一個良好的習慣，埋葬已經逝去的過去，切斷對明天的擔憂，生活在「完全獨立的今天」裡。擁有所有的今天。

這並非主張人們不用下工夫為明天做準備，而是提倡集中所有的智慧、所有的熱誠，把今天的工作做得盡善盡美，這就是迎接未來的最好方法。

在當年的卡內基課堂上，卡內基用很多抽象的故事來告訴學員們這個道理，其中一個故事將「方格」形容為「沙漏」，他對學員說：「把生活想像成一個沙漏。在漏斗的上半部，有成千上萬顆沙粒，它們緩慢、均勻地通過中間那條細縫。除了打壞漏斗，你我都無法讓兩顆以上的沙粒同時通過那條窄縫。」

每個人都像這個漏斗，當一天開始的時候，有許多事情需要盡快完成，但只能一件一件地做。讓工作像沙粒一樣均勻地慢慢通過，否則它們就一定會損害身體和精神上的健康。

「對一個聰明人來說，每一天都是一個新的生命。」卡內基看到一位安穩的家庭主婦把這句話抄下來、貼在汽車的擋風玻璃上。她幾乎是依靠這句話度過了失子的痛苦時刻，每天清晨她都對自己說：「今天又是一個新的生命。」之後，卡內基將這句話講述給學生，很多學生也將這句話貼在自己的汽車玻璃上。

要怎麼做到

當我將卡內基訓練引入台灣時，我告訴學員，我們面對的問題猶如「今天的盤子」，這似乎是個很好的比喻，因為我們的憂慮的確如同瓷器一樣脆弱，但這實際上來自一件他人親身經歷的事情。

我有一位朋友，他是好幾個社團的負責人，有一連串令人肅然起敬的頭銜，同時，他還有擁有令人徹夜難眠的胃痛。

由於他的父親是胃癌病逝的，所以他不得不擠出時間，戰戰兢兢地去醫院檢查，結果醫生宣布他什麼胃病都沒有，甚至連胃潰瘍都沒有，胃痛完全是因為壓力。他拿著幫助睡眠的鎮靜劑，而非胃藥離開了醫院。但他仍然不能驅除壓力，也不能趕跑胃痛。

有一天，他太太洗碗時，他一邊幫忙擦碗，一邊饒有興趣地看著自己的太太邊洗邊唱歌。此時，他腦海裡突然靈光一閃：如果結婚時，我太太就看到未來幾十年得洗的碗——那必定多到連大倉庫都堆不下——絕對會被嚇跑吧？

這位手舞足蹈的太太之所以沒被嚇跑，是因為她一次只洗當天的份。在那一刻，他猛然明白了自己的毛病所在。一直以來，他總是洗今天的盤子、洗昨天的盤子，甚至打算洗那些還沒弄髒的盤子。

「我發現自己真夠笨的！每個主日早上，我站在布道台上，教導別人如何生活，自己卻過著緊張憂慮的日子，真是羞愧極了，」他心裡想著。此後，他隨時要求自己，只清洗「今天的盤子」。後來當我聽他講述自己的遭遇時，他滿意地對我說，從此他不再為煩惱所困，不再胃痛、失眠。昨天的問題他都拋棄不顧，更不再操心明天的髒盤子。

我們中國人的家庭吃飯，總是大盤小盤地擺滿一桌子，飯菜裡有著濃濃的家庭味，每天，我們需要洗的盤子非常多，而每個人幾乎都洗過盤子。當我用洗家裡的盤子作為例子，我發現講台下的學員們聽得很感興趣。

其實這樣的理念對於學員而言並不新鮮，我的學生們很多都聽說過一句話：「不要為打翻的牛奶哭泣」，但很多時候，這句古老的諺語並不能帶給他們太大的感觸。

哪怕是我自己，雖然可以教導他人，但並不代表我自己能隨時做到。事實上，當事發突然、身陷其中時，我也曾忘得一乾二淨，任由心情跌落谷底，為無法挽回的情況懊惱不已。

正因為如此，我能體會這種心情，也希望我們有更多辦法挽回這種沮喪之勢。

根據卡內基訓練的方法，我在課堂上並不太在意闡述這些道理。我知道，未經實踐的人生智慧，不管多有道理，也無法發揮任何力量。

我們在卡內基訓練的課堂上，有專門一課教同學們練習如何「洗今天的盤子」。我們會拿出一本作業簿和一隻筆，請同學們回答一個簡單的問題：目前你的煩惱是什麼？是的，就是這樣一個簡單的動作，但至少我們希望透過這樣，讓同學們面對他的煩惱，而不是面對煩惱的情緒本身。

我們都不是天才

我能理解同學們並非偉人，大部分的人做了很多不應該做的事情。其實即便是那些很有成就的人，他們也會犯下許許多多的錯誤。

賈伯斯是一位天才，他卓有遠見地開發了許多好的數位產品，比如iPad和iPhone，這改變了很多人的生活。但實際上，即便是如此善於判斷未來趨勢的天才，他的判斷也並非總是準確的。

「我看到卻沒意識到的事情是個人電腦上網，我沒有意識到這個，是因為當時我太沉醉於圖形化使用者介面。」這是賈伯斯的回憶，他的這個失誤造成巨大的損失：「這讓我和這個行業在整整十年後才開始著力進行第二個突破——讓電腦服務於人際互動，而不僅僅被當成文字處理或者獨立的生產工具。」

不過，賈伯斯顯然很快就讓這種失敗不再困惑自己，不久之後，他開始設計一種叫做**iPad**的產品，後來它成為全球最多人使用的平板電腦。

賈伯斯的錯誤判斷並不少，現在我常常在電腦上收看電視節目的影片，這讓我可以看任何時間的節目，非常方便，但是，賈伯斯當初認為這件事是無法實現的，他曾經告訴一位記者：「我實在不相信電腦和電視會合為一體，我花在娛樂上的時間夠多，我認為，講故事是線性的，不是互動的，你去看電視時，就把大腦關閉了，而你去用電腦時，卻要啟動大腦，這是不一樣的東西。」

如果不是具備很快將失誤拋之腦後的本領，賈伯斯的失誤本身就會將他壓垮了。賈伯斯更有理由擔憂未來，畢竟，他在開發一項沒有先例，卻有無數質疑聲浪的產品。可是他只活在今天的方格裡，今天的方格對於賈伯斯而言就是不斷地研發新產品。最終，他研發出了偉大的產品。

即便賈伯斯都會常常犯下錯誤，且不了解未來，何況是其他人呢？所以不用過於苛責自己。

何麗梅是看上去四十歲左右的女性，穿著得體的中式服裝，俐落的短髮，看上去幹練又溫和。二〇一一年七月，我在新竹科技園區中的台積電園區裡見到了她。

她早在一九九二年就是卡內基訓練的學員，當她見到我，她高興地把一本她當年上卡內基訓練時使用的教學書給我看，封面看上去有些泛黃，真是有些年頭了。她特意對我說：「黑先生，我經常會回頭看看卡內基的原則，來提醒自己，給自己充電。」

台積電的園區非常廣大，這家世界規模最大的專業積體電路製造公司以先進的技術、一位叫張忠謀的領導者，以及優良的公司治理而聞名。何麗梅是台積電的財務副總經理暨發言人。她告訴我，她是怎麼用「活在今天的方格裡」這條卡內基原則來隔斷壓力的。

在一次台積電業績發表會前一天的上午，何麗梅照例在準備第二天的發言稿和其他資料，偏偏這時候，老闆張忠謀召集何麗梅開會，商量另外一件非常重要的事情。

幾個小時後，當會議結束時，已是下午三點半了。要在第二天上午準備好發表會的資料，時間非常緊迫。何麗梅對自己說：「現在我關門、關機，之後三小時只準備明天的發表會。」

傍晚七點，發言稿寫了一部分，但還沒有完成，此時工作一整天的何麗梅感到十分疲累，就關上電腦回家了。

第二天上午就是業績發表會了，換做其他人，可能會感到很緊張，也許會強迫自己在疲憊狀態熬夜寫完發言稿。但何麗梅沒有這麼做，「我會停下來，把腦袋放鬆，而不是一直憂慮，」經過十幾年的自我訓練，「活在今天的方格中」是何麗梅的習慣，此時她一點也不焦慮。

到家後，何麗梅好好地吃了頓飯，興致勃勃地與女兒商量全家秋遊日本的計畫。結束這一切後，何麗梅高高興興地上床休息。

第二天，何麗梅清晨六點鐘醒來，感到身體又充滿了活力，一切都非常好。她當即明白，事情回到了自己的掌控中。於是，她坐在電腦前，用了兩小時將剩下的資料寫完，發言稿寫得很滿意。她從容地換上套裝，稍整容妝，來到公司參加業績發表會。當天的發表會開得很順利、很成功。

想想看，如果何麗梅懊惱於之前因為意外狀況而沒有完成發言稿，擔心第二天的發表會開得不成功，那麼，她怎麼能讓自己保持在最好的狀況，寫出精采的發言稿？

身為行業全球第一的台積電追求卓越的企業文化，讓每位同事都感到企業對自己的期待，無形中這也帶來很大的壓力。但是，何麗梅卻了解如何用「活在今天的方格中」來隔斷壓力。所以，她在台積電的工作發展得很順利，她對我說：「如果我沒有參加卡內基訓練，我覺得自己沒辦法在台積電這樣嚴格的企業中發展。」

畫出更好的方格

我身邊的很多朋友，他們憂慮企業未來的發展與成長，或者是擔心孩子考不上好的大學，擔心另一半外遇，擔心中年失業，擔心疾病，擔心治安，擔心通貨膨脹、金融風暴，擔心戰爭、地震、海嘯，甚至擔心世界末日。

這些擔憂絲毫不讓人意外。如果能透視每個人的內心，或做一項調查，將發現人們憂慮的事情不僅琳琅滿目，而且千奇百怪。

正是因為如此，每個人都應該練習隔絕過去，不要讓過去的失敗痛苦繼續傷害自己，或是活在昔日的榮光中，沾沾自喜，反而阻礙前進的腳步；同時要學會隔絕未來，不做無謂的預設、想像與擔憂，自己嚇自己。

但這絕不是說，我們不用為明天籌畫，相反的，我們能為明天所做的最佳準備，正是將所有的智慧、熱忱，都積極地投注於今天的工作中。這才是我們唯一能為未來做的準備工作，不是嗎？

想想看，一個人把昨天的負荷和明天的重擔，在今天一起背負，那會有多沉重？恐怕再堅強的人也會膽怯吧！

再想想，一個人成天憂慮過去、擔心未來，還有多少力氣可以為成功打拚？

所以，當人們陷入過去的憂思、憤怒、不平，或不禁為未來擔憂、恐懼、驚慌時，請不要忘記讓腦海閃現「今天」兩個字。

蘇州卡內基訓練講師郭偉正是透過只重視「今天」，度過了一次家庭中的危機。

郭偉四十幾歲，正是中年人「上有老、下有小」的階段。二〇〇九年，當他的父親被檢查出有甲狀腺癌，他身上的擔子更加沉重了。

此時，郭偉與妻子、兒子在蘇州發展自己的事業，而父親則居住在老家四川。面對突如其來的癌症，郭偉一家人手忙腳亂，日常的平靜生活完全被打亂了。郭偉需要放棄一些工作，多爭取一些時間去四川照顧父親，郭偉的妻子為了幫郭偉盡孝，辭去了工作來到四川，專門照顧病中的父親。郭偉的兒子只有十四歲，但父母為了照顧爺爺而不常常在蘇州，不能經常照顧他。而最大的恐懼則是郭偉的父親採取了保守性的治療，對於病情的恢復情況，郭偉毫無把握。不再穩定的生活和未知的未來都讓他備感壓力。

「我不能考慮那麼多未來的隱憂，我要做的是，把今天該做的做好，」郭偉對自己說。

郭偉眼前能做的就是照顧父親。他發現自己需要考慮的，僅僅是如何能將父親照顧好，而不是懊惱為什麼父親得到了癌症，或者擔心父親未來能不能康復。

於是，郭偉盡量做到讓父親心情舒暢，治療效果更好。他每個月多次從蘇州往返四川，他陪父親登山、拜佛。他教父親學習電腦，從二十六個英文字母開始，到後來可以收發簡訊。他每次都收集很多笑話，講給父親聽，讓他能放鬆心情。

一年之後，郭偉父親的身體康復情況挺不錯的。

而奔波忙碌了一年的郭偉，直到此時才能停下來稍作休息。他意外地發現，在自己陪伴父親的過程中，收穫的遠多於失去的。

因為要照顧父親，郭偉無法花太多時間顧及自己十四歲的兒子，於是，他和兒子簽訂了一份兒子可以自我管理的「協議」，得到了信任與機會的兒子將自己管理得非常好。當父親病癒的時候，兒子也成長為一個更為獨立的小夥子。

由於常常回到老家，郭偉重新與兒時的夥伴相聚，發現生活質樸而美好的友誼。

郭偉自己也開始注重養生，因為他開始問自己，我要的是什麼，是賺很多的錢嗎？答案是否定的。他需要的是平衡而健康的生活，他放棄過去忙碌且彷彿被慣性推著前進的生活，開始為生活做減法。

「我曾經以為，最糟糕的時間就是父親罹患癌症之後，但事實上，這段日子卻帶給我人生豐富的收穫，」郭偉感歎地說，「如果當時我不提醒自己『活在今天的方格裡』，怎麼會有這些收穫呢？」

「對未來的真正慷慨，就是把一切奉獻給現在，」我們可以記住這句加繆說的良言。

第二節 問自己最壞的結果是什麼

卡內基度過危機

當戴爾・卡內基在美國的事業獲得了一定的成功之後，他仍然遇到過很大的危機。一九二九年，全美國遭遇經濟大蕭條，這場危機持續好幾年，遍及美國各個角落，影響到各個行業。卡內基和許多人一樣，在股票市場的崩盤中幾乎損失了所有財產，事業方面，卡內基訓練則難以招生。於此同時，他與妻子的婚姻也走到了盡頭。這時，卡內基正處於人生的低潮。

這次低潮不同於卡內基青年時期的挫敗遭遇，這一次，整個社會的經濟都陷入下滑的境地，要想恢復事業，彷彿不是僅靠個人之力就能夠辦到的。卡內基身邊的一切似乎都在往下滑，包括他自己，而他毫無辦法。

當卡內基感受到這種內外交困的窘境之後，他的做法是，問自己「最壞的結果是什麼」，他答案是：「是的，現在真是壞極了，最壞的結果就是我損失輝煌的事業與安穩的家庭。」而這兩者正是他最渴望擁有的。但是，知道最壞的結果之後，卡內基反而感到踏實一些，因為除了這兩者，卡內基不會再失去別的了。那麼，他還有健康、思考能力和行動能力。

於是，卡內基覺得好受了一些，既然萬一失去事業與家庭，自己還能夠承受的話，那麼不如索性放下美國的一切去遠行。於是卡內基到了中國。

此行果然讓卡內基獲得了解脫。他從中國回來後，調整好心態，繼續開辦卡內基訓練。接著，他寫的《卡內基溝通與人際關係》出版了。

此時，經濟危機已經讓失業人數不斷增加，為了獲得一份工作，人們需要學習社交的技能，增強自己的影響力。因此，卡內基訓練頗受歡迎。正是因為經濟大蕭條，人們尤其需要信心，卡內基的書就為人們帶來信心和克服憂慮的方法。

許多人讀了這本書後，都覺得受益匪淺，或多或少幫助他們改變自己的行為和態度。一位讀者說：「儘管經濟蕭條是一個很可怕的年代，然而，我正是讀了這本書而增強了生活的信心，才生存下來的。」

就在一、兩年前，卡內基還覺得一切都已經結束了，可是現在，他儼然成為一個榜樣，那就是能夠從糟糕的環境與惡劣的心態中重新站起來追求成功的人。

當年他所設想的最壞結果，實際上並沒有發生，他的事業反而發展得更好。

於是，卡內基整理出「問自己最壞的結果是什麼」這條克服憂慮的方法，並在自己的演說中告訴更多人。

其中，卡內基講了一個故事：古希臘哲學家蘇格拉底是西方哲學的奠基者，也是一位智者。當時雅典有些人對打著赤腳的蘇格拉底又嫉妒又羨慕，給他冠上「不敬神」的罪名，在審問之後處以死刑。當獄卒把毒酒交給蘇格拉底時，對他說：「對必然的事，姑且輕快地接受。」蘇格拉底確實做到了這一點。他以非常平靜而順從的態度面對死亡，那種態度幾乎已經可以算是聖人了。

「對必然的事，姑且輕快地接受。」這句話是在西元前三九九年說的，但在這個充滿憂慮的世界，今天比以往更需要這句話。

卡內基說出了自己解除憂慮的一條重要祕訣，那不僅是蘇格拉底這位智者的方法，也是卡內基據以走出低潮的一個原則：問自己最壞的事情是什麼。這包括三個步驟：

●問自己：最壞的狀況是什麼？

●接受最壞的狀況；

●設法改善最壞的狀況，而不要擴大它。

卡內基認為，這個原則能幫助我們從漫無邊際的煩惱中回到現實，認清自己的處境。若不認清實際的處境，又怎能指望有清晰的思考力與決斷力呢？

沒有人能有足夠的情感和精力，既抗拒不可避免的事實，又創造一個新的生活。你只能選擇一種，要麼生活在不可避免的暴風雨之下彎低身子，要麼抗拒它而被折斷。

卡內基的學生很快就能運用這樣的方法，其中一位學生是紐約的油商。

「我被敲詐了！」他對卡內基說：「有天，一個自稱是政府調查員的人來找我，跟我要紅包，他說他掌握了我們運貨員舞弊的證據。他威脅說，如果我不答應的話，他就把證據轉交給地方檢查官。這時候我才知道，我主管的石油公司裡，有些運油司機把應該給顧客的部分油品偷偷扣下來賣給公司，這是非法的。

如果被人知道，這種壞名聲就會毀了我的生意。我急得生出病來，整整三天三夜吃不下也睡不著。我一直拿不定主意，是應該付錢給那個惡棍，還是置之不理，我每天都做噩夢。

後來，我想起可以使用『問自己最壞的結果是什麼？』這個卡內基原則，於是我問自己：『如果我不給錢，那個勒索者把證據交給地檢署的話，可能發生的最壞情況是什麼呢？』

答案是：『毀了我的生意。』我對自己說：『好了，生意即使毀了，但我在心理上可以承受這一點，接下去又會怎麼樣呢？』

生意毀了之後，也許我得另外找份工作，這也不難，我對石油產業很熟悉，幾家大公司也許會僱用我。我開始覺得好過多了。連日來的憂慮也開始逐漸消散。我的情緒慢慢穩定下來，當然也能開始思考了。

然後我想到，如果我把整個情況告訴我的律師，他也許能找到一個我沒有想到的新辦法。我之前一直沒有想到這一點，完全是因為我一直在擔心而沒有好好地思考。我立即打定主意，第二天一早就去見我的律師。接著我上了床。睡得安安穩穩。

第二天早上。我的律師要我去見地方檢察官，把整個情況全部告訴他。我照他的話做了，出乎意料地聽到地方檢察官說，這種勒索已經連續幾個月了，那個自稱是政府官員的人，其實是通緝犯。在我為無法決定是否該把五千元交給那個罪犯而擔心了三天三夜之後，聽到他這番話，真是長長地鬆了口氣。

這次經歷給我上了終身難忘的一課。」

卡內基以輪胎的構造來向學生們說明這個道理。知道汽車的輪胎為什麼能在路上跑那麼久、能忍受那麼多的顛簸嗎？起初，發明輪胎的人想要創造一種輪胎，能夠抗拒路上的顛簸。結果，輪胎不久就被切成了碎條。後來，他們製造了一種輪胎，可以吸收路上所碰到的各種壓力，可以「接受一切」。如果我們在多難的人生旅途上，也能承受各種壓力和所有顛簸的話，我們就能活得更長久，能享受更順利的旅程。

如果我們不吸收這些壓力，而是去反抗生命中所遇到的挫折的話，我們就會產生一連串內在的矛盾，我們就會憂慮、緊張、急躁而變得神經質。如果再嚴重一點，我們退縮到自己想像的夢幻世界裡，那我們就會精神錯亂了。

卡內基寫書時曾採訪過一些美國著名的商人。他發現，這些成功的商人大都有能力接受無法避免的局面，這樣就能過無憂無慮的生活。假如他們沒有這種能力，他們就會被過於龐大的壓力壓垮。

亨利・福特對卡內基講述他的做事之道：「碰到沒辦法處理的事情，我就讓它們自己解決。」

要在憂慮毀了你之前，先改掉這個習慣，其中一條重要的規則是：問自己最壞的結果是什麼。

我也這樣問過自己

二〇〇八年，《聯合報》刊登一項調查報告，指出二七%的年輕人有過自殺的念頭。多麼驚人的數據！年輕人應該是充滿活力、無憂無慮、享受青春歲月的一群，竟然平均每四個年輕人中，就有一人想過要自殺。而且越來越多的學生有憂鬱傾向，年齡層更有往下延伸的趨勢。社會中瀰漫的焦慮，是個很嚴重的問題。

卡內基訓練引入台灣的時候，台灣的經濟也不景氣。而越是在這種時候，我們越需要好的方法來克服這些問題。家人的關心是一種方法，而社會中提供的一些基於心理學和社會學的課程是另外一種方法。我很希望卡內基能發揮這樣的作用。

當我看到卡內基訓練克服憂慮的辦法，其中有很多我不僅非常贊同，也有很強的親身體會，例如「問自己最壞的結果是什麼」，在我青年時期就有過這樣的經驗。

我十九歲就進入軍隊開始工作，我從軍校畢業，是一個月薪兩百元的職業軍人，連維持家計都困難，好像處在人生的低谷。如果我當時因為軍人待遇差、發展無望而怨天尤人，不肯接受「最壞的狀況」，恐怕早就把自己搞得心力交瘁吧。

但實際上，我接受了最壞的情況，然後開始在業餘時間找機會進修英文，甚至考上公費留學，才一路走到現在。

當我作為軍方的公費留學生在美國時，回想軍中幾年，我就有一種感想：遇到任何打擊，與其讓自己陷於憂慮低潮、絕望失措，不妨想一想，最壞的狀況是什麼？接著，通常你會發現，改善最壞狀況的方法有很多很多。

三十多年前，我有一個在外商公司任職的朋友遭到解聘，突然沒了工作，她信心受到嚴重打擊，又憂心未來的生計，情緒非常低落，常找朋友哭訴。如果當時她能問自己，最壞的結果是什麼，那麼她和她的朋友，都能少受些苦。

我在設想，以她的例子來說，遭到解聘，最壞的狀況是什麼？能不能接受？改善的辦法是什麼？

就實際狀況來分析，在外商公司工作薪水的確不錯，遭到解聘固然是失去不錯的待遇（最壞的狀況），但她先生的工作順利，家中也有積蓄，就算暫時少掉一部分收入，也不會馬上面臨生活壓力（應該能接受）。而她有一技之長，英文又好，還怕找不到新工作嗎？（找到新工作，情況也就改善了）大可不必那麼憂慮。

果然，離職不久，她就找到新工作，雖然待遇比以前稍低，卻更適情適性，她做得更愉快、更有熱忱也更投入。之後，又跳槽到幾家公司，薪水和職位都越升越高，整個人散發出自信的光彩。

坦白說，多數使我們陷於恐慌憂慮的情況，在仔細分析後，其實真的沒那麼嚴重，只是事發突然，引起情緒過度反應而已。

當然，這個方法不僅僅是在經濟不景氣的時候適用。這讓我想起擔任宏碁電腦公司副總經理時發生的一件事。

當時，公司每年都要舉辦年度全球經銷商大會，讓數百位來自世界各地的業界菁英齊聚一堂。那一年，籌辦事宜由我的部門負責，我們也早早預訂了圓山飯店的場地和房間。沒想到就在大會前一週，圓山飯店突然通知我們房間數量不夠。

那時是一九八五年，台灣的五星級飯店還很少，任何企業辦活動都得早早搶訂客房。由於事發突然，同事們方寸大亂，和飯店人員吵了起來。

身為主管的我，連忙出面協調，緊急開會尋求解決方案。首先，就是請同事們想想，最壞的情況是什麼？結果，最壞的情況是有十個經銷商得暫住在山下的其他飯店，每天搭車往返會場與飯店。這是麻煩些，但也不至於無法接受。大家一想，頓時就冷靜下來，不再那麼激動慌亂了。

很幸運的是，大會開始當天，因為有人提早退房，圓山飯店臨時空出三個房間，第二天又再給出兩個房間。這樣算一算，不過只比原先預訂的耽誤一天就圓滿解決了。

這件事說大不大、說小不小，若追究責任，固然是圓山飯店的失誤，但當初若任由同事們發洩怒氣，和飯店鬧翻，恐怕事態會更嚴重，宏碁電腦的形象也會受損，可謂兩敗俱傷。所幸，我們問了自己，最壞的結果是什麼。

有一次，我到西班牙旅遊，同行的一位朋友當街遭搶，她受到的驚嚇不難想像，哭得花容失色。雖然人沒有受傷，在做了緊急掛失信用卡、補辦護照等應變措施之後，財物完全沒有損失，但之後的行程卻毀了，她完全失去了旅遊的好心情。但是我們真的應該讓這些小事在情緒中作祟，造成我們的焦慮嗎？為什麼不試試，問自己最壞的結果是什麼？

如果我們的鑰匙掉了，最壞的狀況是什麼？重配一把鑰匙、找人開鎖，甚至換一整套新鎖，最壞的結果是花費幾百元、幾千元，所以不必驚慌失措。

在路上和別人的車發生擦撞，如果沒有任何傷亡，最壞的狀況是什麼？花錢修理，找保險理賠。所以不必大聲叫罵，甚至大打出手，造成更大的損害。

人生中，大事不多、小事不斷，日常生活裡，也許常會遇到煩人瑣事：交通阻塞、與人爭執、被放鴿子……當你不由自主地煩躁起來時，何不先問問自己：「發生這件事，最壞的結果是什麼？」然後接受它，並且設法改善它。

在報紙上的社會版，我們會看到一些報導，說有人遇到感情問題，鬱鬱寡歡、挾怨報復；有人遭遇婚變，萬般絕望、攜子自殺；有人工作受挫，心煩意亂、威脅老闆。其實，如果遭遇了這些不順利的情況，或許只要先問問自己：最壞的情況是什麼，然後冷靜地想一想，會發現問題根本就沒有那麼嚴重。

我有一位學員在課堂上聽到我這麼說之後，回答我說：「我一直都在想，所以才越想越煩惱。」

他說的沒錯，很多人都像他一樣，一直在想，也一直在煩惱。我問他：「你究竟是在『想』，還是在『擔憂』？如果你一直在『擔憂』，怎麼可能有時間、有力氣、有心情去『想』呢？」他聽了不好意思地笑了起來。

改變的力量

問自己最壞的結果是什麼，曾經幫助卡內基的講師魏逸群度過癌症的危機。二〇〇七年年底，魏逸群發現自己口腔裡長了一個小東西，檢查後發現是惡性腫瘤，需要馬上動手術治療。

與此同時，魏逸群的太太檢查出乳腺癌術後復發了。於是，二〇〇七年十二月二十四日，平安夜，魏逸群和太太一起住進醫院的同一間病房。

接下來，魏逸群接受了放射治療，副作用非常大，胃管從鼻子插進去，很疼，每天只能喝點牛奶。

第一個療程結束後，魏逸群性命無憂，但他發現自己幾乎變成一個「廢人」，由於治療讓大部分的口腔黏膜都被破壞，魏逸群不能進食，出院後，他躺在床上，由先治癒的太太每四小時一次餵他喝牛奶。其餘時間，則是躺在床上等待太太拿牛奶來餵他。他已經虛弱到不能思考也不能行動。

半年之後，魏逸群勉強可以下床走路，但走上幾步路就會非常疲倦，不停地喘氣。他的腦子有時清醒，有時又覺得很糊塗，好像得了老年癡呆症一樣。魏逸群偶爾會想：「魏逸群，你現在這樣子，將來怎麼辦？」他感到非常無助。

但魏逸群明白，焦慮只會損害他的健康，他需要擺脫焦慮，為自己創造出康復的心理條件。於是想到要問自己，最壞的結果是什麼？

「最壞的結果就是，我下半生不能繼續留在職場上工作，現在就退休。如果這樣，我和太太是否可以生活？我算了算，我們的經濟條件雖然不是非常富裕，但只要能適當控制，生活仍然可以很安穩。」魏逸群這樣一想，心裡就變得平靜安定了。然後，他就不停地告訴自己：「你要離開職場，你要接受自己這樣的狀態。」

接下來，他就安心地把身體交給醫生負責，自己積極配合。

三年以後，魏逸群的身體開始慢慢恢復，他可以走路，甚至能夠做少量運動。現在，他甚至可以游泳一千公尺。二〇一一年年底，魏逸群重新回到卡內基訓練的教室裡，開始工作。這些都是他當時萬萬沒有想到的結果。

魏逸群如果不是運用了「問自己最壞的結果是什麼」，我覺得他的康復速度不會快到出乎大家的意料之外。

有幾句卡內基從紐約聯合工業神學院實用神學教授雷恩賀・紐伯爾處得到的禱詞，我非常喜歡，分享給大家：

請賜我沉靜，

去承受我不能改變的事；

請賜我勇氣，
去改變我能改變的事。
請賜我智慧，
去判斷兩者的區別。

第三節
憂慮會嚴重危害你的健康

誰來按你的門鈴

上個世紀初期，卡內基住在美國紐約，一天晚上，一個鄰居來按他的門鈴，建議他們全家去種牛痘，預防天花。卡內基與鄰居聊了聊，發現這位鄰居是整個紐約市中幾千名自願去按門鈴的人之一。除了數量眾多的自願者，還有大約兩千名醫生和護士夜以繼日地忙碌著為大家種牛痘。怎麼會這麼勞師動眾呢？原來紐約市有八個人得了天花，其中兩個人死了。

卡內基想，八百萬的人口裡死了兩個人，大家就如此重視，但是他在紐約已經住了三十七年了，可是至今還沒有一個人來按他的門鈴，警告他預防精神上的憂鬱症，這種病所造成的損害，比天花至少要大一萬倍。

「為什麼從來沒有人按門鈴告誡我，目前生活在這個世界上的人，每十個人就會有一個人將精神崩潰，主要原因就是憂慮和感情衝突呢？」卡內基想。他接著意識到，要讓人預防憂鬱，也需要對人們的固有觀念「按門鈴的自願者」。

所以卡內基在教學和書籍中增加了一個內容，說明憂慮是什麼以及多可怕，來「按讀者的門鈴」。

為此，卡內基開始走訪當時的醫學專家以及心理學家，從他們那裡得到更多關於憂慮的知識。

曾寫過《神經性胃病》一書的約瑟夫·孟坦博士告訴卡內基：「胃潰瘍的產生，不在於你吃了什麼，而在於你憂慮什麼。」

梅約診所的法瑞蘇博士證實了這種說法，他對卡內基解釋：「胃潰瘍通常是根據人情緒緊張的程度而發作或消失的。」這種看法。在研究了梅約診所一萬五千名胃病患者的紀錄之後得到證實。有五分之四的病人得胃病並非是生理因素，而是恐懼、憂慮、憎恨、極端的自私以及對現實生活的無法適應。根據美國《生活》雜誌的報導，胃潰瘍現居致死原因名單的第十名。

梅約診所的哈羅·海彬博士在全美工業界醫師協會的年會上發表過一篇論文，他研究了一百七十六位平均年齡在四四．三歲的工商業負責人，大約有三分之一的人由於生活過度緊張而引起心臟病或消化系統潰瘍或高血壓。他們成功的代價實在高昂。

洛克菲勒多活了四十五年

洛克菲勒是美國最富有的人，也是當時全世界最富有的人，但這位石油大王並不健康，他五十三歲時，由於不知名的消化系統毛病，讓他只能靠優酪乳和蘇打餅乾為生；他嚴重落髮，連睫毛也無法倖免，最後只剩幾根稀疏的眉毛；他的皮膚毫無血色，骨瘦如柴，而且還嚴重失眠。他步履蹣跚，看上去像是走在墳墓邊緣。

而醫生認為，這樣的情況有很大一部分是因壓力造成的。

據說，這位世界首富會因為多付了一百五十元的貨物保險費而對下屬大發雷霆。如果下雨有可能讓他的貨物受損，他可以在辦公室整晚煩惱地踱步。他無暇休閒或娛樂，總是擔心失去財富，對身邊的人總是責罵。

正因為這些性格，這位富翁因為憂慮、恐懼、壓力及緊張，快把自己逼到絕路了，連他也感到害怕。

醫生不得不警告他，如果繼續如此，只有死路一條。醫生除了治療外，要求他避免憂慮、放輕鬆，多在戶外從事溫和的運動，注意飲食，只吃七分飽。

洛克菲勒開始嚴格遵守這些規定，他立刻退休，開始學打高爾夫球，從事園藝活動，和鄰居聊天、玩牌甚至唱歌。

他也開始反省，不再想著如何賺錢，而是思考如何用錢去幫助他人。起初，這並不容易，全國神職人員反對他對教會的捐款，稱之為「髒錢」，但他仍繼續奉獻。他也幫助因還不了貸款而面臨倒閉的一家小學院，讓它成為世界知名的芝加哥大學。最重要的是，他成立了洛克菲勒基金會，提供經費給具有意義、有遠見的各種研究與活動。洛克菲勒徹底改變了自己。

那麼他的身體情況有無改善呢？有的，他身體的很多症狀都消失了，他的步履變得矯健，最後享壽九十八歲。

康乃爾大學醫學院的羅素・西基爾博士是世界著名的關節炎治療權威，他列舉了四種最容易得關節炎的情況：

一、婚姻破裂；

二、財務上遇到難關；

三、寂寞和憂慮；

四、長期的憤怒。

當然，這些不是關節炎的唯一成因，但它們是最常見的成因。卡內基的一位朋友在經濟蕭條時遭到很大的損失，瓦斯公司停止向他供應瓦斯，銀行沒收了他抵押的房產。他的夫人便患了關節炎，發病突然，多方治療仍不見效，直到他的經濟狀況好轉，她的病才算康復。

卡內基還從醫生那裡得知，憂慮甚至會使人患齲齒。威廉・麥克高陵格博士在全美牙醫協會的一次演講中說：「由於焦慮、恐懼等產生的不快情緒，可能影響到人的鈣質平衡，使牙齒容易受蛀。」麥克高陵格博士曾經治療過一位病人，他在妻子得了急病後的三個星期內，迅速從一口好牙，變成有九顆蛀牙，都是由於焦慮引起的。

焦慮還可以引起很多身體的疾病，比如甲狀腺機能亢進，卡內基了解到，甲狀腺原來是應該使身體規律化的，一旦反常後，心跳就會加快，患者體重減輕、心跳過快、情緒容易激動，而且常常雙眼凸出。卡內基曾經陪一位得這種病的朋友到費城找西伊士內・布南博士，他是專治這種病的著名專家。

這位醫生向卡內基的朋友提出的第一個問題就是「你情緒上有什麼問題使你產生這種情況？」他告訴卡內基的朋友，憂鬱可能會導致這種疾病，他警告說，如果繼續憂慮下去，就可能染上其他的併發症或心臟病、胃潰瘍，或者糖尿病。這位名醫說：「這些疾病都互相有親戚關係，甚至是近親——它們都是因憂慮而產生的。」在這位醫生的候診室牆上，掛著一塊大木牌，上面寫著他給病人的忠告：

輕鬆和享受
最能使你輕鬆愉快的是：
健全的信仰、睡眠、音樂和歡笑。
對上帝要有信心，
要學得能睡得安穩。
喜歡動聽的音樂、
幽默地看待生活，
健康和歡樂就會屬於你。

憂慮幾乎能摧毀一切健康，心臟病是當今美國頭號劊子手。第二次世界大戰期間，大約有三十幾萬人死在戰場上；但在同一時期內，心臟病卻殺死了兩百萬平民，其中部分人的心臟病是因憂慮和生活過度緊張引起的。至於憂鬱導致的自殺，則比常見傳染病導致的死亡還要多。

沒有什麼會比憂慮令女人老得更快，並摧毀她的容貌了。憂慮會使人們的表情難看，他們咬緊牙關、臉上出現皺紋，總顯得愁眉苦臉，頭髮灰白甚至脫落，憂慮會讓臉上出現雀斑和潰爛。

威廉・詹姆斯說：「上帝可能原諒我們所犯的錯，但我們自己的神經系統卻不會原諒。」

卡內基把這些醫學研究與實際經驗匯集在一起，然後告訴他的學員們：憂慮足以致命。

憂慮害死人

當我看到卡內基如此提出憂慮的危害時，說實話，我感到非常震驚。我過去真的不知道憂慮的危害性是如此之大，甚至會致命。

一百年後的情況如何呢？

二〇〇四年九月十六日，一項調查指出，每十個台灣人，就有一人情緒崩潰過；每四個上班族，就有一個人想過要自殺。某大學心理系曾對系裡一百二十幾個學生進行心理測驗（他們將來都是要輔導別人情緒困擾問題的），發現竟有十幾個人心理不健全，比例高達一成。

我們實在不能不承認，現代人雖然擁有空前富裕的物質享受，但並沒有更快樂。我們肩上背負的重擔、無法逃避的壓力、所忍受的痛苦指數，反而和財富與物質文明的進步同時增加。

偏偏現代人總是為了工作、婚姻、子女、生活中的柴米油鹽醬醋茶、車貸房貸等等忙得團團轉，不知道「如何有效克服憂慮，排除壓力和緊張」，只能任由自己被憂慮、緊張、壓力摧殘，直到可以忍受的痛苦指數衝破臨界點，整個人突然崩潰，問題一發不可收拾。

對照兩個世紀，人們對於情緒壓力的提防心依舊薄弱，但情緒壓力的殺傷力卻越來越強，這真的非常令人惋惜。因為壓力、憂慮、恐懼等負面情緒，對身心健康的威脅性與殺傷力，絕對大到超乎想像。

我們常聽見家人朋友之間有各式各樣的提醒與關心：肚子餓了要好好吃飯，天冷了要穿衣保暖，下雨了要記得帶傘，開車要小心謹慎，做事要認真負責等等。然而，有多少人提醒過自己，要避免負面情緒的影響？又有多少人鄭重其事地提醒過別人，要提防壓力和憂慮的傷害？

或許你會說，台灣資訊發達，對於相關議題的報導不少，所以你「知道」這件事情的嚴重性。但我要進一步提醒的是，概念上的「知道」，並不等於具體而真切的「理解」。事實擺在眼前，許多人過著充滿壓力與憂懼的生活，但對於這個切身問題卻根本不當一回事。

我的女婿原本一直有不明原因的背痛，接受卡內基訓練課程後，症狀不藥而癒。雖然我無法提出醫學解釋，因為連醫生都說不出個中緣由，我只能推斷，受訓後，他較能處理壓力和憂慮的情緒，所以不再背痛。

由此可見，他身體的各種毛病，就是心中的壓力與焦慮所導致的「半健康狀況」。而經由改善情緒，則能緩解疾病。

當我們察覺到情緒所帶來的疾病時，那麼，是否能在現代城市的混亂中保持自己內心的平靜呢？如果你是個正常人，答案應該是「可以的」、「絕對可以」。我們大多數人，實際上都比自己所認為的更堅強。我們有許多從來沒有發現的內在力量，正如梭羅在他的不朽名著《獄卒》中所說的，「我不知道有什麼會比一個人能下定決心提高他生活能力更令人振奮的了……如果一個人，能充滿信心地朝他的理想方向努力，下定決心過他想過的生活，他就一定會得到意外的成功。」

大約十年前，有一次我希望能隨時與美國卡內基的總裁保持聯繫，因此請他告訴我手機號碼。沒想到他猶豫片刻後告訴我，為了家居生活不受打擾，他的手機幾乎是不開機的，只有出門在外需打電話時才用。這位美國老闆管理著龐大的企業，每天處理與決定非常多的事情，但他還是努力為自己保留一塊清靜的領域；但相反的，有許多人的手機是二十四小時開機，就怕漏接任何一通電話，不管是度假、用餐、散步、睡覺，都不得安寧。

我很想問問這些朋友，真有必要如此嗎？

如果仔細回想，在我們的日常生活和工作中，有多少事如同手機一樣，是我們自己給自己製造的負擔？

如果你想知道是否會忙碌到連一點點寧靜都被剝奪，不妨找個時間拿出筆來，全盤檢討自己的生活、工作模式，最好能像記流水帳一般逐條列下來，看看自己的時間與精力都耗費在哪些事項上。客觀檢討其中有哪些是不必要的虛耗，哪些事可以更有效率地處理，避免寶貴人生被非必要事物給纏繞、吞噬掉。

試試看，你真的可以分出輕重、循序漸進、提高效率，慢慢品味生活、享受工作，拒絕超額的壓力與緊張。

我有一位在汽車公司擔任業務員的朋友，最近就聰明地這樣做了。

他一直很努力工作，常犧牲與家人相處的時間，和客戶應酬、推廣業務，無奈業績毫無起色，心情很糟，連帶地影響了婚姻與親子關係。他覺得自己腹背受敵，充滿焦慮，跑來問我該怎麼辦。

我建議他冷靜下來，客觀地分析業務狀況。結果他發現，其實成交的案例，多數在與客戶首次接觸時就會露出端倪。而且，他越是站在客戶的立場著想，「幫助客戶買到適合的車」，而非「說服客戶買最棒、最好的車」，越能有效成交。有了這樣的認知後，他開始調整自己的工作模式，改變銷售策略。雖然性格外向的他向來喜愛交際、聊天，真可謂樂在應酬中，但他還是做了必要的修正。如此一來，與家人相聚的時間增加了，花在「有效業務」上的時間卻沒有減少，工作得更為從容，績效也變好了。

四十五歲的陳俊彥從事金融業，他整天面對的是業績壓力和複雜的人事問題。儘管他出身軍旅，身體很棒，但不知從何時開始，他患上偏頭痛，偶爾會莫名心悸。一段時間之後，這種狀況變得更加嚴重，除了偏頭痛，有時還會全身痠痛，甚至顫抖。

他感到非常恐懼，跑遍台灣各大醫院，從心電圖到免疫科等相關檢驗，從頭到尾將自己的身體檢查了一遍，但查不出任何具體的病症，醫生開出的診斷是疑似「自體免疫功能有問題」、「慢性疼痛症候群」、「精神官能症候群」。

最後，一位熟識的醫生告訴他：「當你有情緒困擾時，疾病就會找到你，如果不停止憂慮，丟開壓力，你還會得心臟病、胃潰瘍或糖尿病。」他嚇壞了，自己將來會老病纏身嗎？當下，他對自己發了個誓：不再憂慮任何事情。

他從此不再斤斤計較業務表現，對於同事間的衝突，他盡量協調但不再強求。他依然認真工作，卻不浪費一點精力去擔憂，當他察覺到自己又為工作感到焦慮時，他會趕緊警告自己：「要命，還是要成功？」然後他對自己說，事情該怎麼樣就怎麼樣吧，已經盡力就夠了。

陳俊彥的業績表現不如從前，也影響到他的升遷，但可喜的是，那些查不出原因的毛病不再發作，他也更能享受生活。他認為太值得了。

第四節
看到事情的另一面

我家的低谷

我今年已經七十三歲了，經歷過很多人生的坎坷，這些歷程幫助我明白一件事：不要希望人生一帆風順，因為每個人在前進途中都會遭遇無數問題，甚至跌倒在地。人生不如意事，十之八九。所以，注定我們要常常處理困難以及隨之而來的憂慮。

正因為我經歷過這麼多艱難，所以我非常能理解，人在面對困難時的無助與無力，如果遇到非常不如意的事情，猶如一記重拳打在自己臉上，又哪裡有力氣重新站起來呢？但是，即便如此，我非常明確的知道，我們必須要站起來。否則，生活就會打垮我們的精神以及身體。

我這樣講，不是因為我是一位老師，需要如此教導學員，而是我信奉這樣的生活原則：

我們需要更正向積極地看待問題，哪怕在最值得憂慮的事情中，也要看到事情好的一面，從而將自己解救出困境。

我和我的兒子立言，還有他的太太都是卡內基講師，我們常常在課堂上對學員講應該如何克服憂慮。但實際上，當不幸來臨時，任何人要面對悲傷與憂慮都是一件非常困難的事情。我想給大家講一個我們家庭在二〇一一年才剛遭遇的不幸事件。

我的孫子黑筠瀚是黑立言的第二個孩子，我們叫他弟弟。他長得滿帥的，常常笑，非常聰明可愛，同學和老師都很喜歡他。不過，弟弟在小學一年級入學後不久，便遇到了一次不幸。

弟弟剛進入小學一年級的第三個月，我們發現他的脖子腫起來了，然後他開始發燒，住進了醫院進行檢查。那一年的平安夜，台北四處飄蕩著聖誕歌聲，商店門口霓虹燈閃爍，這時候，其他小朋友可能在家裡忙著掛襪子，等著迎接聖誕老公公的禮物，而弟弟卻發著燒，昏睡在病房裡。

那一天，醫生診斷出弟弟得了白血病。

於是，我這個只有六歲的孫子開始接受化療。我們告訴他：「你的血生病了，」他躺在床上，似懂非懂。

我們一直都知道，弟弟是個很聰明可愛的小朋友，但直到他生病後，我們才知道，他是個多麼勇敢的孩子。

化療對一個小孩而言非常殘酷，長長的針管深深地刺進身體，藥物導致他總想嘔吐。一開始，弟弟非常抗拒這樣的治療，他因為痛而大哭。而他的這些疼痛，我們都幫不上忙。但是，不久後，我們發現他不再哭了。他不但自己不哭了，後來有一個小姐姐住進病房，同樣在化療時大哭，他還去勸這位小姐姐別哭。他輕聲跟小姐姐說：「一直哭不是很不開心嗎？所以你就讓他扎一下，痛一下就ｏｋ啦。」

大多數時間，弟弟都待在病房裡接受治療。家教會定期指導他念書，期末時，老師將考卷帶到醫院，結果弟弟考了班級前三名，幾乎每科都是一百分。他自己看書學象棋，從完全不會，到後來還下贏了我。

弟弟住院的一、兩個月後，他的媽媽開始接到他同學的媽媽打來的電話，電話那頭的太太說：「我兒子在問，你兒子在哪裡啊？他很想念他，什麼時候回來上學？」這樣的電話後來又陸續接到不少次。

有一次，弟弟的媽媽到學校去找老師，小朋友圍住了她問：「阿姨，黑筠瀚到哪裡去了？」好幾個小朋友說：「我們很想念黑筠瀚。」

但是，弟弟無法回到學校。大概半年後，弟弟的一隻眼睛完全看不見了。醫生就說他的癌細胞已經擴散，壓迫了視神經。於是，他開始接受放射治療，他要躺進一個機器裡，讓射線去照他，他痛得大哭。他每天都要吃下大把的藥片。

但是，即便這樣也沒能阻止癌細胞轉移。兩個月後，弟弟兩隻眼睛都完全看不見了，他的世界突然陷入一片黑暗中。

這時候，立言和太太已經陸續離開工作崗位，專門照顧和陪伴弟弟。

弟弟每天都要祈禱，為避免感染我不能進入他的房間，但立言把他的祈禱錄下來放給我們聽。我聽見，弟弟用他稚嫩的聲音祈禱說：「謝謝祢，在這裡駐紮天使軍團。請祢（派來）有一對翅膀、兩對翅膀、三對翅膀，甚至四對翅膀的天使保護我，能讓我的眼睛越來越好……。」他非常認真地祈禱，就好像他能感覺到天使的存在一樣。

然而，我們期盼的奇蹟最終並沒有產生。十二月二十五日，弟弟入院後的第二個聖誕節，在其他小朋友們歡樂地拆開聖誕禮物時，弟弟再次陷入昏迷，他已經沒有辦法看到我們給他買的聖誕禮物了。昏迷了三天之後，他的心臟永遠地停止跳動了。

如果你看到弟弟是多麼乖，多麼樂觀、勇敢、懂得感恩，多麼會關心其他小朋友，你就會知道，我們當時有多麼覺得命運是不公平的，我們不明白，這麼好的小孩子，為什麼偏偏會得了絕症，承擔痛苦，離開我們。

我們全家都承受著巨大的悲傷。弟弟的外婆為此幾乎得了憂鬱症，在那一段時間，立言和他太太推掉了所有的授課任務，完全無心做任何工作，他們痛失愛子的悲傷，肯定比我們多得多。

這種情況下，立言夫妻和我們都需要走出悲傷的陰影。

走出低谷

在弟弟過世後的第二個月，立言回到了卡內基辦公室，開始恢復工作，讓工作填補自己的生活，而非一味地想著弟弟。他希望自己能活在今天的方格中，不要去想昨日的悲痛。

卡內基訓練克服憂慮的原則中，有一條是「接受不可避免的事實」，弟弟過世後，一天，立言顯然是經過很久的思考過後對我說：「不可避免的事實就是我們有一天會離開這個世界，或早或晚。」我知道，他開始接受弟弟離世的事實了。而且，他在試圖安慰我。

立言在弟弟去世後，開始每天給弟弟寫信，在信紙上與弟弟聊天，分享他的所有感想。

不久後，立言在公司的例會中，向同事們說了弟弟和我們全家所遭遇的一切。他還分享了很多他在給弟弟信中的所思所想，而非悲傷。那天，我也在場。

他告訴同事們，他聽到弟弟在生病期間不僅為自己的病情祈禱，還為媽媽、爸爸、姊姊，還有其他生病的小孩子祈禱。弟弟從來沒有為自己生病而抱怨或情緒低落過，而是在祈禱中感謝自己已經得到的一切：好吃的食物、有姊姊一起玩、爸爸媽媽的陪伴……。他已經完全失明的時候，還能高高興興地笑著玩耍。

立言對同事們說：「我們要常常要看到自己所得的恩惠，不要去埋怨自己有多倒楣，因為人生不如意的事情十有八九，我們要怎麼看那個『一、二』，才是態度決定一切的關鍵，弟弟在生病期間做得很好，他再次教了我這一課。

我看到，雖然現在的結果不是我們想要的，但是過程中有很多人幫助我們，而且，有一種力量在支撐弟弟，讓他沒有承擔太大的痛苦，即便苦難中還是可以微笑，這些都是值得感恩和慶幸的事情。」立言繼續說：「我以前授課時常常向學員們說不批評、不指責、不抱怨，要感恩、要在不如意中看到事情好的一面，因為這些辦法確實很有道理，不過這些只是理性分析的結果。在發生弟弟這個事情以後，這些態度卻突然如同真理。因為如果我不用這種正面的態度，我不知道自己該怎麼好好活下去。」說到這裡，台下的同事都在流淚，立言的情緒也開始無法控制，他開始流淚，但是他沒有慌亂或失措，而是帶著一種誠懇而堅定的態度。也許，他覺得自己必須以這種方式來學習與懷念弟弟。他為了讓生活重新快樂起來所做出的努力，如果弟弟知道，也會為爸爸感到自豪吧。

立言的太太，忍住悲傷去履行曾經給弟弟的承諾：用弟弟的保險金「幫助和我一樣生過病的小孩子」，為此，她用了半年時間，投入到成立黑筠瀚基金會的事情上，幫助那些癌症康復的孩子活得更開心。在弟弟離世半年多後，基金會開始正式運作，由基金會出資，請六十位曾經得過癌症的小孩免費上卡內基青少年訓練課程。未來還會有其他方面的活動與支持。

每個人都會遭遇很多悲傷。我們一家遇到悲傷時刻，能做的就是看到事情值得感恩的一面，用正向的態度，淡化我們所遭遇的不幸與痛苦。

面對職場低潮

有時候，我們遇到的苦難不是來自家庭，而是來自事業。我們在中國大陸授課十二年來，親身感受到大陸經濟發展的迅速，這種快速發展的時代，給很多雄心勃勃的商人提供了機會，去創業、去創造出著名品牌或創辦規模龐大的企業。而另外一方面，事業快速發展，卻需要人付出更大的代價。

黃知俞是一位能幹的女性，二〇〇七年八月，她與先生一起創業，開辦了一家叫做君浩汽車服務有限公司的企業，黃知俞擔任副總經理，負責市場行銷，她的先生張遠群擔任執行長。經過了艱苦的創業期後，公司開始走上正軌，一切有條不紊地發展著。

但這時黃知俞卻遇到難關，公司在二〇〇九年後陸續開設分店，黃知俞在行銷之外，還要投入服務、訓練以及管理領域，需要更多的心力與時間，在這期間，第二個孩子出生，她還要照顧家庭與孩子，形同蠟燭兩頭燒。這是很多職業婦女都會遇到的情況，事業繁忙，還要承擔照顧家庭、做好母親的任務。黃知俞的性格好強，她希望能擔任好這些角色，為此，她的情緒非常緊張，連午休時間都擠出來看文件。她開始長期失眠。

但情況繼續惡化，當商業環境不佳，公司庫存價值一度高達一、兩億元時，黃知俞發現自己臉部的三叉神經開始疼痛，這被稱為「天下第一痛」，影響到日常吃飯、喝水，有時訓練員工突然痛起來還嚇壞了員工，吃了藥又會頭暈，這讓她的生活品質很糟糕。

為此，黃知俞做了兩次手術，第一次做完又復發，第二次繼續做。有一次她嘗試了顱內射頻針治療，結果反而導致臉部肌肉完全麻木。一位醫生朋友提醒她，臉部麻木的原因可能是腫瘤壓迫神經所致。面臨疾病以及患上腫瘤的可能性，讓黃知俞感到非常恐懼，以前都在自己手中掌握的東西：健康、生命等等，似乎都有可能會從手中溜走，她覺得自己的世界似乎沒了希望。

這時候，黃知俞偶然看到了我曾經出版的《破局而出》，大受激勵，於是她就找了先生張遠群和公司董事長，三個人一起參加由我擔任講師的卡內基訓練課程。

他們一接觸到卡內基課程便非常投入，記得第一天下課，他們三位針對課堂內容一直討論到晚上十點多，認為這次上課帶給自己「久旱逢甘霖」的感覺。

黃知俞在卡內基課堂上找到了減輕壓力的辦法，那就是用卡內基減少壓力與焦慮的原則來改善情況。她決定接受最壞的情況，同時看到事情好的一面。

因為接受了事情最壞的一面，黃知俞反而平靜了下來，她不再憤懣與自責，這時候，她看到了事情的另外一面：公司運行得不錯，有自己先生以及員工的支撐，沒有她也是可以運轉的，所以，她不必也不應該為了工作而過於緊張。於是，黃知俞開始嘗試信任員工與先生的能力，她強迫自己放下對工作的控制欲，盡量授權。

奇妙的是，經歷了想法與行為的轉變，大半年後，她的失眠不藥而癒了，她的面部神經痛也得以舒緩。經過檢查，她發現自己並沒有患上腫瘤。而且，由於更多的授權，團隊也變得更加值得信任，員工逐漸敢於承擔責任。

在這個期間，黃知俞說服董事會，投注更多財力在員工培訓上，把公司的管理人員與重要員工都帶到卡內基課堂上，受訓的員工有了共同的價值觀。在二〇一一年，溫州也是金融危機的災區，很多企業領導者都睡不好，不知道下一步怎麼走，可是君浩汽車在張遠群和黃知俞的領導下，能去收集事實、分析資訊、擬定計畫，結果在二〇一一年，君浩反而開出了四家新店面，整個公司的業績大幅成長。當然，此時黃知俞的失眠與焦慮，也已經消失了。

「如果我沒有用這樣的辦法，可能會一直陷於焦慮之中而無法自拔，」當黃知俞對我講完自己的故事時，最後她這樣對我說。

沒有誰的人生是一帆風順的，我們總會或多或少遇到各種不如意的事。其實，無論為人還是處世，太順利也未必全是好事。當壞的事情出現時，也許可以把它當成警鐘，提醒我們去發現事情更好的一面，往往會真的得到你所期待的好效果。即便對於那些完全無法改變的壞事情，我們也能改變自己的心態，接受它的存在。

結語

二〇一二年，六月的某天，初夏的氣候已經漸漸炎熱，路旁連綿的木棉花正熱烈地綻放。飛機誤點十個小時後，我從北京起飛，抵達上海。在這裡，我開始為新一批的學員們演講。

我雖然已經七十三歲，但站上講台，似乎就有無窮無盡的精力。我對卡內基比對任何事都感興趣，我渴望了解他的一切。而現在，那些我想問戴爾・卡內基先生的問題，例如，他是如何建立一家百年的培訓機構？當我回顧他和卡內基訓練的歷史時，我已經知道了答案。我發現，卡內基訓練不僅是一個人的美國夢，一代人的美國夢，也是我的夢，也是中國人的夢。它是人們對於如何與自己相處，如何與他人相處，如何與環境相處，以及一個關於成功與夢想本身的夢。

戴爾・卡內基，在這位具有強烈開拓精神的人身上，集合了人文和企業的天賦後產生了創造力，我相信這種創造力是推動工業社會發展又能兼顧人文關懷的關鍵因素。而現在，卡內基訓練對人們與世界的影響已經不限於起初的形態，它更有一種精神的魅力。它確保了人們在簡單的方法下，能接近宗教般的信仰。這些信條——關於微笑、讚美和寬恕——直指人心。

我從上海機場出來，直接驅車趕到教室，一路上，我看見身邊這座城市的變化日新月異。我到達上海交通大學校園內的教室門口，整理了一下身上的西裝，然後走進教室。我對台下的學員說道：「大家好，我是黑幼龍。」那誠懇而高興的心情，就好像我二十五年前，第一次在台灣上卡內基訓練課程一樣。

國家圖書館出版品預行編目(CIP)資料

黑幼龍工作與生活的雙贏智慧 / 黑幼龍著, 盧立琪整理. -- 初版. --
臺北市 : 商周出版 : 家庭傳媒城邦分公司發行, 2012.09
面 ; 公分. -- (新商業周刊叢書 ; BW0474)
ISBN 978-986-272-230-5(平裝)

1.人際關係 2.溝通 3.成功法

177.3 101015846

新商業周刊叢書 BW0474

黑幼龍工作與生活的雙贏智慧

作　　者／黑幼龍
整　　理／虞立琪
企劃選書／陳美靜
責任編輯／鄭凱達
文字校對／吳淑芳
版　　權／黃淑敏
行銷業務／周佑潔、張倚禎

總 編 輯／陳美靜
總 經 理／彭之琬
發 行 人／何飛鵬
法律顧問／台英國際商務法律事務所　羅明通律師
出　　版／商周出版
臺北市 104 民生東路二段 141 號 9 樓
電話：(02) 2500-7008
傳真：(02) 2500-7759
E-mail: bwp.service @ cite.com.tw
發　　行／英屬蓋曼群島商家庭傳媒股份有限公司　城邦分公司
臺北市 104 民生東路二段 141 號 2 樓
讀者服務專線：0800-020-299
24 小時傳真服務：(02) 2517-0999
讀者服務信箱 E-mail: cs@cite.com.tw
劃撥帳號：19833503
戶名：英屬蓋曼群島商家庭傳媒股份有限公司城邦分公司
訂購服務／書虫股份有限公司客服專線：(02) 2500-7718；2500-7719
服務時間：週一至週五上午 09:30-12:00；下午 13:30-17:00
24 小時傳真專線：(02) 2500-1990；2500-1991
劃撥帳號：19863813　戶名：書虫股份有限公司
E-mail: service@readingclub.com.tw
香港發行所／城邦（香港）出版集團有限公司
香港灣仔駱克道 193 號東超商業中心 1 樓
E-mail: hkcite@biznetvigator.com
電話：(852) 25086231　傳真：(852) 25789337
馬新發行所／城邦（馬新）出版集團
Cite (M) Sdn. Bhd. (45837ZU)
11, Jalan 30D/146, Desa Tasik, Sungai Besi, 57000 Kuala Lumpur, Malaysia.
電話：(603) 9056-3833　傳真：(603) 9056-2833　E-mail: citekl@cite.com.tw

內頁設計排版／好春設計．陳佩琦
印刷／鴻霖印刷傳媒股份有限公司
總經銷／高見文化行銷股份有限公司　新北市樹林區佳園路二段 70-1 號
電話：(02))2668-9005　傳真：(02) 2668-9790　客服專線：0800-055-365
行政院新聞局北市業字第 913 號

2012 年 9 月 4 日初版 1 刷
2012 年 11 月 26 日初版 13 刷
定價 300 元

ISBN: 978-986-272-230-5

Printed in Taiwan

城邦讀書花園
www.cite.com.tw

廣　告　回　函
北區郵政管理登記證
北臺字第10158號
郵資已付，免貼郵票

104　台北市民生東路二段141號2樓

英屬蓋曼群島商家庭傳媒股份有限公司城邦分公司　收

請沿虛線對摺，謝謝！

書號：BW0474　　書名：黑幼龍工作與生活的雙贏智慧

請於此處用膠水黏貼

商周出版

讀者回函卡

謝謝您購買我們出版的書籍！請費心填寫此回函卡，我們將不定期寄上城邦集團最新的出版訊息。

台灣卡內基訓練，25周年超值大回饋！

凡填妥讀者回函卡，寄回商周出版，即可參加好禮抽獎，獎項包括：
卡內基訓練課程「戴爾卡內基班」（市價29000元），1名
卡內基訓練課程折價券（適用各課程，市價2000元），5名
《卡內基溝通與人際關係》黑幼龍親讀有聲書（市價1000元），10名
活動期間：2012年9月6日至10月5日（以郵戳為憑）
得獎公布：2012年10月12日，請密切關注城邦讀書花園http://www.cite.com.tw

姓名：____________________

性別：□男　□女

生日：西元________年________月________日

地址：____________________

聯絡電話：____________　傳真：____________

E-mail：____________________

職業：□1.學生 □2.軍公教 □3.服務 □4.金融 □5.製造 □6.資訊
□7.傳播 □8.自由業 □9.農漁牧 □10.家管 □11.退休
□12.其他________

您從何種方式得知本書消息？

□1.書店□2.網路□3.報紙□4.雜誌□5.廣播 □6.電視 □7.親友推薦
□8.其他________

您通常以何種方式購書？

□1.書店□2.網路□3.傳真訂購□4.郵局劃撥 □5.其他________

您喜歡閱讀哪些類別的書籍？

□1.財經商業□2.自然科學 □3.歷史□4.法律□5.文學□6.休閒旅遊
□7.小說□8.人物傳記□9.生活、勵志□10.其他________

對我們的建議：

____

____

請於此處用膠水黏貼